입시를 이기는
행복력 공부

입시를 이기는 행복공부

시미즈 요시노리 지음
홍영의 옮김

발행인 레터

'입시전쟁'이라고 할 만 합니다. 지금 한국 사회는 무한 입시 경쟁으로 인해 열병을 앓고 있습니다. 자녀들을 좋은 학교에 보내기 위한 부모들의 열기는 맹목적입니다. 특히 국제중→특목고→명문대 대열을 향한 부모들의 열망은 소름끼치다 못해 차라리 가슴 아플 정도입니다. 팽창하는 사교육 시장, 가계를 주름지게 만드는 사교육비는 서민 생활에 큰 부담이 되고 있습니다.

최대 피해자는 자녀들입니다. 과다한 입시공부에 짓눌려 올바른 성장에 큰 지장을 받고 있습니다. 정부의 2007년도 청소년 건강행태 온라인조사 결과에 따르면, 과반수에 가까운 학생들이 스트레스나 우울감을 경험한 적이 있습니다. 5명중 1명꼴로 자살을 생각한 적이 있었다고 합니다. 이런 종류의 조사 결과는 한둘이 아닙니다.

이제 한국 사회가 좀 냉철해져야 할 때입니다. 언제까지나 부모와 자녀 모두를 고통으로 몰아넣는 무한 입시경쟁을 계속할 수는 없습니다. 부모들이 남의 눈치를 살피며 조바심으로 덩달아 무한 입시경쟁 대열에 합류하는 사회 병리현상을 치유해야 합니다. 이 일에는 부모들이 앞장서야 합니다.

자녀 교육의 절대적 판단 기준은 자녀의 장래 행복입니다. 공부를 잘하든 못하든, 국제중→특목고→명문대 대열에 들었든 들지 못했든, 모든 자녀들은 장래에 행복해져야 합니다. 그렇게 만들도록 노력하는 것이 부모의 당연한 의무입니다. 따라서 부모는 지금 어떻게 하는 것이 자녀의 장래 행복에 진정으로 도움이 될 것인가를 냉철히 따져봐야 합니다.

여기서 말하는 장래란 대학 입시처럼 불과 수년 뒤를 의미하는 것이 아닙니다. 적어도 20~40년 뒤까지 즉, 자녀의 평생을 뜻합니다. 다시 말해서, 자녀 교육은 단기적 안목이 아니라 장기적 안목에서 자녀에게 도움이 되는 것이어야 합니다. 자녀가 평생에 걸쳐 자신의 삶을 살아가는 데, 행복과 성공을 추구하는 데 유용한 수단이 되어야 합니다.

이를 위해서는 자녀에 대한 부모의 개인적 욕심, 부모의 입시 불안감이나 조바심, 남이 하니 나도 한다는 강박증과 집단최면, 자녀의 장래보다 점수 1~2점에 울고 웃는 편협함 등은 배제해야 합니다. 점수만 추구하고 명문대 합격만을 목표로 하는 성적 맹신주의가 과연 자녀의 장래 행복에 얼마나 기여할 수 있는가를 합리적으로 따져 봐야 합니다.

다른 것은 못해도 공부만 잘하면 성공할까요?
명문대만 들어가면 평생 행복할까요?
명문대만 나오면 부자가 될까요?
명문대에 들어가지 못하면 성공할 수 없을까요?
인생의 성공과 행복이 성적순으로 서열화할까요?

이 책은 이 같은 의문들에 대한 합리적 사고의 근거와 방향을 제시합니다. 일본의 교육 현실은 한국 못지않은 열병을 앓고 있습니다. 그 열병의 뿌리와 증상은 양국 간에 대동소이합니다. 더구나 일본 교육은 한국 교육의 미래상의 일단을 시사합니다.
'인간 관찰의 달인'이라고 불리는 시미즈 요시노리씨는 성적 맹신주의의 병폐를 해소하기 위한 방안을 사려 깊게 제시합니다. 그 핵심이 바로 행복력(행복해지는 힘)입니다. 저자는 왜 그런가를 매우 알기 쉽게, 날카롭게, 설득력 있게 설명합니다. 그것은 동시에 한국 입시전쟁에 던지는 따끔한 충고이기도 합니다.

　이 책의 발행이 한국 사회의 입시 열병을 치유하고, 건전하고 합리적인 교육 풍토를 조성하는 데 조금이나마 도움이 되기를 희망합니다. 특히 국제중→특목고→명문대 대열에 들지 못했다고 실망·좌절하거나 안타까워하는 학생·부모들에게 위안과 희망이 되기를 바라마지 않습니다. 아울러 자녀에게 진정으로 필요한 교육이 무엇인가를 생각하는 하나의 계기가 되기를 간절히 기원합니다.

행복포럼 발행인
김창기

차례

나는 모든 인간이 행복하기를 바란다. 모처럼 태어난 세상인데 즐겁다, 행복하다고 외치면서 사는 것이 좋다는 것은 빤한 일 아닌가. 모든 사람이 그렇게 만족하며 살아갈 수 있다면 이 세상은 멋진 곳이 될 것이다.

물론 나는 먼저 내 자신이 행복하기를 간절히 바란다. 그 점에 대해 솔직히 고백해 두겠다. 내 자신은 어떤 불행을 겪어도 좋으니 인류가 평화롭기를 바란다는 훌륭한 사고방식이 있을 수 있다. 하지만 나는 그런 생각에 동의하지 않는다. 무엇보다 먼저 내 자신이 행복해지고 싶다. 누구나 그렇게 생각하며, 나는 그것이 당연하다고 생각한다.

그러면 자신만 행복하면 남의 행복과 불행은 아무런 상관이 없을까. 그렇지 않다. 만약 자신만 행복하고 남은 모두 불행했으면 좋겠다는 생각을 가진 사람이 있다면, 그는 정말 터무니없는 악당이다. 나는 소설가이기 때문에 소설 속에 악당을 등장시켜야 할 때도 있고 그런 인간에 대해 쓰는 경우도 있다. 하지만 그런 악당에 대해 쓰면서도 아마 이런 사람은 없겠지 하고 생각한다. 남이 불행해지기를 바라다니, 마음이 너무 비뚤어져 있는 것 아닌가. 보통 사람은 그렇게까지 짓궂지 않다.

사람은 남이 불행한 처지에 있다는 말을 들으면 딱하고 불쌍하다고 생각한다. 곤란에 처해 있는 사람, 고민을 가진 사람이 상담을 요청하면, 어떻게 하면 그 괴로움에서 탈피할 수 있는가를 생각하고 어드바이스 해 주는 것이 보통이다. '정말 재미있다, 좀 더 불행해져라' 하고 생각하는 사람은 거의 없을 것이다.

나도 보통의 인간이기 때문에 내 자신의 행복을 우선적으로 바란다. 그 다음은 나 이외의 사람도 모두 행복해졌으면 좋겠다고 생각한다.

그런데 세상을 보고 있으면 여러 가지 이유로 별로 행복하지 못한 사람들이 눈에 많이 띈다. 재미가 하나도 없다든가, 지금의 자신은 빛이 나지 않는다든가, 왜 자신만 이렇게 따분한 인생을 살아야 하나 하고 험악한 표정을 짓는 사람들이 결코 드물지 않다.

인생에 불만을 품고 살아가는 사람들. 행복하지 못해 누군가에게 마구 화풀이하고 싶은 기분의 사람들. 어차피 내 인생은 좋은 일 따윈 하나도 없다며 체념하고 어두운 얼굴로 고개 숙인 사람들.

요즘 그런 사람들이 옛날보다 더 많다는 느낌이 든다. 세상에는 그런 사람들의 불만이 쌓여 있기에, 경우에 따라서는 그것이 폭발하거나 해일을 일으킨다. 그것이 싸움이나 폭력사건, 그리고 자살 등의 원인이 된다.

나는 '누구나 모두 행복하다면 결코 그런 사건은 일어나지 않을 텐데…' 하고 생각한다. 그래서 행복해지는 방법을 가르쳐 주고 싶어진다.

그렇다고 해서 나는 내 모든 바람이 이루어져, 즐거운 꿈속에 있는 것처럼 행복한 것은 절대 아니다. 용돈으로 60조 엔 정도 사용하거나, 일본 전국의 아름다운 모든 여성의 인기를 누리거나, 일본 문학사상 넘버원의 작가라고 칭찬받는 것은 아니다. 그런 즐거운 공상의 행복은 현실에서는 어떤 사람도 누릴 수 없다.

굳이 그럴 것 없이 지금의 내 삶이 재미있는 인생이라고 생각하고 만족하는 것이 누구나 손에 넣을 수 있는 행복이다.

그런 행복을 손에 넣는 방법을 이 책에서 가르치려고 한다.

내 생각으로는 사람이 행복해지기 위해서는 행복해지는 힘이라는 것을 가지고 있어야 한다. 그 힘을 가지고 있지 않으면 인생이 잘 나가지 않는 법이다.

이 때문에 나는 행복해지는 힘이란 어떤 것인가, 어떻게 하면 그 힘을 가질 수 있는가 하는 것을 이 책에서 알기 쉽게 설명하려고 한다.

내가 우선적으로 이 책을 읽기를 희망하는 독자층은 초등학교 6학년생부터 중학생 정도까지의 소년·소녀들이다. 이들은 이제 세상을 조금씩 알기 시작하는 시기에 있다. 동시에 자기 나름의 인생을 시작하는 연령인 것이다. 나름대로 인생에 대해 고민하거나 주저하는 시기의 남자·여자들이다.

그런 젊은 독자를 내 이야기의 대상으로 한다. 그 무렵에 자신은 어떤 식으로 행복해지고 싶은가를 한번 차분히 생각해 보는 것은 매우 중요한 일이다.

그처럼 중요한 문제에 대해 생각하는 데 고등학생이나 대학생이라고 해서 결코 때가 늦은 것은 아니다. 그들은 서서히 어른이 되어가는 인생길의 한 고비에 있다. 따라서 지금이야말로 자신을 잘 알아야 할 때라고 말해주고 싶다. 내 머릿속에 있는 제2의 독자층은 그런 청년들이다.

이밖에도 이 책을 꼭 권하고 싶은 그룹이 하나 있다. 그것은 내가 가정하는 젊은 독자의 부모들이다. 자식의 행복을 바라지 않는 부모는 없을 것이다. 그것을 바라기 때문에 자식의 인생에 여러 가지 말참견을 하는 것이다.

따라서 나는 부모에게도 행복해지는 힘이란 어떤 것인가를 알려주고 싶다. 그것을 알지 못하면 자신은 자식을 올바르게 인도한다고 생각하지만, 오히려 자식으로 하여금 갈피를 잡지 못하게 하는 경우가 있을 수도 있기 때문이다. 자녀가 어떻게 되는 것이 진정으로 자녀가 행복해지는 것인가를 부모가 부디 한번 깊이 생각해 주기를 나는 바란다.

그래서 그런 사람들을 대상으로 행복은 어떻게 하면 잡을 수 있는가를 여러 각도에서 차분히 생각해 보기로 하자.

여러분은 우선 마음 편히 읽기 시작하면 된다. 내가 그렇게 어려운 이야기를 하는 것은 아니다.

공부 잘하면 행복한가

마음을 짓누르는 '공부해라'

부모는 자식에게 '공부해라'는 말을 많이 한다. 부모란 입을 열었다 하면 으레 '공부해라'는 말을 한다. 실제로 몇 번씩이나 말하는 것은 어머니인 경우가 많을지도 모른다. 하지만 아버지도 어느 시점에서는 "자, 분발해라." 하면서 같은 생각을 내비친다.

공부하라는 말을 듣는 것은 기분 나쁘다. 마음이 몹시 무거워진다. 지금 막 공부하려던 참이었는데 공부하라는 말을 들으면 때로는 몹시 화가 날 정도다.

그러므로 초등·중학생 때에는 공부에 대해 마음속 어딘가에서 계속 걱정하고 있다. 그리고 공부하지 않는 것은 나쁜 것이라는 생각을 가지고 있다. 그렇다, 이 책을 쓰고 있는 지금 소설가이자 60세 늙은이인 나도 전에는 그랬다.

재미있는 여담을 하나 하자.

이미 소개했지만 나는 60세 소설가다. '책을 많이 쓰고, 잇따라 책을 내는 소설가'라는 말을 자주 듣는다. 나도 열심히 일하는 편이라고 생각한다.

소설은 내 집의 서재에서 쓴다. 그러나 아무리 부지런한 사람이라도 쉴 새 없이, 마음을 한 곳에만 집중해 소설을 쓸 수는 없다. 기분이 내키지 않을 때에는 잡지를 훑어보기도 한다. 문득 만화를 읽어보기도 한다. 그렇게 하면서 숨을 돌리는 것은 당연한 일이다.

그런 때 갑자기 서재에 아내가 들어오면 나는 움찔한다. 마치 일하지 않고 게으름을 피우다가 들킨 것 같은 느낌이 든다. 한순간 보고 있던 만화를 감출까 하는 생각을 하기도 한다.

그리고 곧 '아, 정말 바보 같은 짓을 생각했구나' 하는 생각을 한다. '60세나 되었는데 왜 들킨 것처럼 생각해야 하는가' 하고 쓴웃음을 짓고 만다.

물론 만화를 읽든 게임을 하든 아무 문제가 없다. 내 아내는 "지금은 일 안 하고 게으름 피우며 놀고 있었죠?" 따위의 잔소리는 하지 않는다.

아무래도 나는 초등·중학교 때의 추억과 결부시키는 모양이다. 그 무렵 나는 공부하는 체 하면서 실은 공부를 하지 않고 소설이나 만화를 읽거나 라디오를 들은 적이 자주 있었다. 게으름 피우고 있었던 것이다.

그런 때에 어머니가 방에 들어오면 나는 놀라 가슴이 덜컥 내려앉았다. '아이쿠, 공부하지 않은 것이 탄로 나겠다' 하고 만화와 라디오를 감추었다.

그때의 겸연쩍었던 기분이 이런 늙은이가 되어도 아직 마음 속에 남아 있는 것이다. '그것이 어지간히 강한 마음의 충격이었구나' 하고 지금에 와서 생각한다.

그런 후유증이 어른이 되어도 남아 있을 정도로, 공부하지 않으면 안 된다는 강박관념이란 정말 대단한 것이다.

부모라는 사람은 왜 그렇게 자식이 공부하기를 원하는 것일까. 그것을 생각해 보자. 부모는 자식의 행복을 바란다. 그것은 원칙으로서 틀림없는 것이다. 부모는 자신의 자식을 사랑하고 그때문에 행복해지기를 바라는 것이다.

개중에는 사랑하는 방법이 서툰 부모도 있다. 사랑하는 방법이 잘못된 부모도 때로는 있다. 하지만 사랑하는 것은 틀림없는 사실이다. 부모는 사랑하는 내 자식이 행복한 인생을 보내기를 원하기 때문에 자신도 모르게 "공부해라!" 하고 말하는 것이다.

공부해서 좋은 성적을 올리는 것이 자식의 행복과 결부된다고 부모는 생각하는 것이다.

거기까지는 이해한다. 그런데 생각해야 할 것은 부모의 사고 방식이 과연 올바른 것인가 하는 점이다. 정말로 공부 잘하는 인간은 행복해지는 것일까. 만약 그것이 잘못된 것이라면 자식은 많은 고생을 할 뿐 아니라 쓸데없는 노력을 하는 셈이다. 정말 그점에서는 괜찮은 것일까.

그리고 이런 것도 생각해봐야 한다. 공부 잘하는 인간은 행복해진다는 것이 우선 옳다고 해 두자. 그러면 그 외에는 행복해지는 길이 없는 것일까.

이 세상은 공부 잘하는 인간만이 행복해지고 그렇지 않은 인간은 아무리 발버둥 쳐도 행복해질 수 없는 것인가. 그렇기 때문에 행복해지고 싶으면 공부하여 성적을 올리는 것 외에 다른 방법은 없는 것인가. 어머니의 '공부해라'는 말투를 듣고 있으면 '정말 그런가' 하는 느낌이 든다. 그렇기 때문에 어머니는 그렇게 열심히 '공부해라'만 말하는 것 같다.

그런데 여기까지 읽고도 여러분은 이미 모든 사실을 대체로 알고 있으리라 생각한다. 자식 역시 그렇게 바보는 아니니까.

공부를 못하면 행복해질 수 없다는 것은 어이가 없을 정도로 크게 잘못된 것이다.

행복의 형태는 무한하다

다만 부모가 하는 말의 절반은 대체로 옳다. 공부를 잘하면 행복해지기 쉽다는 것은 옳은 말이라고 해도 좋을 것이다.

부모가 흔히 말하는 것은 이런 것이다. 공부를 열심히 해 성적이 올라가면 고교에 진학할 때, 대학에 진학할 때 좋은 학교에 합격할 수 있다. 그리고 좋은 학교를 졸업하면 일류 기업에 입사할 가능성이 커진다. 일류 기업에 들어가면 월급도 많고 안정된 생활을 할 수 있을 테니까 평생 행복하게 살아갈 수 있다.

그런 이야기를 수없이 들었을 것이다.

그리고 부모는 별로 말하지 않지만, 공부를 잘하면 긍지를 가지고 살 수 있으며, 그것은 매우 만족스럽고 행복한 것이라는 말도 사실이다. 자신이 일류 대학에 입학했다는 것을 내세워 남을 경멸하는 듯한 얼굴로 사는 인간을 가까이서 보면 불쾌감을 느끼기 마련이다. 내 곁으로 다가오지 말라고 말할 정도의 느낌이 든다. 하지만 그 사람은 자신에게 자신감을 가지고 살며 행복하다는 것은 인정해 주자.

그래서 공부를 잘하면 인생이 순탄하고 행복해지는 경우가 많다는 것까지는 대체로 사실이다. 그러므로 내 자식이 행복해지기를 바라는 부모는 입버릇처럼 "공부해라!" 하고 말하는 것이다.

그런데 여기서 하나 착각해서는 안 될 것이 있다. 이것은 매우 중요한 것이다.

그 반대를 생각해 보자. 인간이 행복하게 살기 위해서는 공부를 잘해야만 하는 것일까. 또는 이렇게 생각해도 좋다. 공부를 별로 잘하지 못하는 인간은 행복해질 수 없는 것일까.

여러분은 이미 알고 있을 것이라고 말한 것은 이 점에 대해서다. 틀림없이 알고 있을 것이다, 이런 정도는.

공부를 못하면 행복해질 수 없다는 것은 터무니없는 착각이다. 그것은 말할 것도 없는 것이다. 만약 그렇다면 행복해질 수 없는 사람이 부지기수로 있게 된다.

예를 들어 한 반에 40명의 학생이 있다고 하면 제법 공부한다는 학생은 상위 5명 정도가 될 것이다. 그 학생들은 좋은 학교에 진학하여 좋은 기업에 입사할지도 모른다. 그러나 그 이외에도 학생이 35명이나 있다. 그 35명은 아무리 분발해도 행복해질 수 없는 것일까. 그것은 정말로 이상한 것이며 잘못된 것이다. 이 세상에는 공부 잘하는 10% 정도의 인간만이 행복해지고 그 외의 90%는 모두 불행하다니. 그것은 터무니없는 사고방식이다.

공부를 잘하지 못해도 가지고 있는 능력을 발휘해 행복해진 사람은 얼마든지 있다. 예를 들어 프로든 아마추어든 상관없이 스포츠를 잘해 유명한 선수가 되어 좋은 성적을 올리는 사람들은 많다. 그것도 행복한 인생이 아니겠는가.

탤런트가 되어 인기 있는 사람도 공부와는 관계없이 다른 능력으로 행복해진 사람들이다.

별로 유명인이 아니라도 좋다. 탤런트나 스포츠 선수는 유명하기 때문에 행복하며, 그렇기 때문에 부럽다는 것은 이상한 사고방식이기 때문이다. 유명하지 않은 보통 사람의 행복한 생활방식도 얼마든지 있다. 성실하게 일해서 좋아하는 사람과 결혼하여 행복한 가정을 이루고 있는 사람은 얼마든지 있다. 그런 것이 보통의 행복이다. 자신의 직업이 마음에 들어서 열심히 일하는 사람도 행복하다.

행복의 형태는 헤아릴 수 없을 정도로 많다. 어떤 한 가지 생활방식만이 행복하다는 것은 당치도 않다. 그러면 어떤 식으로 살아가면 행복할까. 이 문제는 이 책의 전체에서 차분히 생각해 나갈 것이기 때문에 여기서 서둘러 대답을 내놓는 것은 피하겠다.

아무튼 공부를 잘하면 행복이 손에 들어오기 쉽다는 것은 우선 옳을지 모른다. 하지만 그렇지 않으면 행복해질 수 없다는 것은 절대 아니다. 그렇지 않은 사람도 얼마든지 행복해질 수 있다.

그것은 당연한 것이다. 학교 성적만으로 행복해 질 수 있다는 사고방식이 이상하니까.

　동경대(東京大)에 들어간 사람만 행복하고 동경대 입학시험에 떨어진 사람은 모두 불행한가. 뿐만 아니라 그 대학에 응시해도 합격은 무리이기 때문에 아예 응시조차 하지 않는 사람이 많다. 그러면 그런 사람은 불행의 밑바닥이란 말인가.

　그것은 터무니없는 사고방식이다.

격차사회 속의 불안

이와 관련해서 세상의 부모들에게 잠깐 하고 싶은 말이 생각난다. 여러분은 여러분의 자녀에게 공부해라, 공부해라 하면서 무조건 공부만 강조하는 것은 아닌가.

나는 부모들이 왜 그렇게 바라는지, 그 이유를 상상할 수 있다. 이 세상은 학력사회니까 고학력이면 좋은 직장에 취직하기가 쉽겠지, 좋은 회사에 입사하면 급여도 많고 안정된 생활을 할 수 있으니까 살면서 짜부라지는 일도 없겠지, 그러니까 행복해지겠지. 그렇게 생각하니까 자식의 행복을 바라는 부모로서는 자식이 공부하여 좋은 성적을 거두기를 바랄 것이다.

뿐만 아니라 그 바람의 근저에는 어떤 우려가 잠재해 있을 수도 있다.

많은 사람들이 일본이라는 나라는 요즘 격차사회에 돌입하고 있다고 말한다. 좋은 직장에 다니면서 수입이 많은 상층(上層)과 별로 좋은 직장에 들어가지 못하고, 뿐만 아니라 일정한 직업이 없어서 아르바이트나 파견사원으로도 만족해야 할 저임금의 하층(下層)으로 이분화 한다고 말한다. 내 생각에도 일본 사회가 그런 방향으로 나아가고 있는 것 같다.

그래서 자식의 행복을 바라는 부모는 자식이 상층에 들어가 주기를 바란다. 그 때문에 자녀가 어떻게든 좋은 학교에 진학해 주기를 바라는 것이다.

요즘 부모들 중에는 자녀의 진학 문제에 몰두하는 사람들이 매우 많아졌다. 내 자식을 좋은 학교에 입학시키려면 부모로서 어떻게 하면 될까 하는 문제에 엄청난 관심을 쏟고 있다.

샐러리맨을 위한 주간지에 '자녀와 함께 분발하여 자녀의 학력을 높이는 방법'이라는 특집이 눈에 많이 띄는 세상이 됐다. '우리 집에서는 이렇게 하여 내 자식을 좋은 학교에 입학시켰다'는 체험담이 실리기도 한다.

요즘 부모들 사이에는 자식을 좋은 학교에 입학시키려고 발버둥 치는 것이 붐이다. 자식과 하나가 되어 중학교, 고교 시험에 도전해 좋은 점수를 땄다 못 땄다 하고 일희일비하는 부모들이 출현한 것이다.

그런 부모들에게 감히 한 마디 하자. 그 방법은 어떤 면에서는 매우 위험하다는 것을.

그 방법대로라면 부모가 자식에게 바라는 것은 단지 '저 학교에 꼭 들어가야 한다'는 것만 되어 버린다. 그런 희망만을 가졌다가 잘 되지 않았을 때에는 어떻게 할 것인가에 대해 나는 말하고 싶다.

반에서 성적이 제일 좋은 아이는 한 사람뿐이다. 당연한 것이다. 전원이 1등이 되기를 바란다 해도, 그 바람이 이루어지는 아이는 한 사람밖에 없는 것이다.

입학시험으로 생각해도 좋다. 누구나 좋은 학교에 응시해 합격하고 싶어한다. 부모도 그러면 행복해진다고 생각하고 분발한다.

그런데 예를 들어 그 입학시험의 경쟁률이 2대1이라고 하자. 그러면 응시한 아이의 절반은 합격하지 못한다.

유감스럽지만 내 자식이 합격하지 못했을 때 부모는 어떻게 생각할까. 우리 아이는 틀린 아이라고 생각할까. 우리 아이는 공부를 못하고 상층에 들 수 없는 아이이며 진 팀에 속하기 때문에 행복해질 수 없다고 낙심할 것인가.

그것은 무섭고 매우 위험한 사고방식이다.

어렸을 때부터 상상해 보자. 이미 그때부터 부모는 자식을 사랑한다. 아이는 그것과 마찬가지로 부모가 무조건적으로 사랑해주기를 바란다. 아이는 부모에게서 사랑 받지 못한다고 생각하면, 그것만으로도 살아 있는 것이 괴로워진다. 그만큼 아이는 부모가 진정으로 사랑해주기를 간절히 바란다.

그런데 공부를 해도 성적은 별로 올라가지 않고 좋은 학교에 응시하면 떨어진다. 부모가 말이 없을 정도로 실망하는 모습을 보고 자녀는 어떻게 느낄까.

'나는 아버지 어머니가 바라는 자식이 아니라 실망시키는 자식이다'고 생각하지 않겠는가. 그렇게 느끼면 그 자식은 이미 앞날이 캄캄하다. 그래서야 어떻게 자신의 인생에 대해 건설적으로 생각할 수 있겠는가.

왜 그 길 외에는 행복한 미래가 없다는 잘못된 것을 가르쳐서 수많은 아이들을 '나는 어차피 틀린 인간이다'는 나쁜 생각을 하게 만들까.

공부를 잘하는 것은 나쁘지 않다. 명문 학교에 진학하는 것은 행복과 결부될 가능성이 많은 하나의 길이기는 하다.

그러나 길은 그것 하나밖에 없고 그곳으로 잘 나아가지 못한 인간은 행복해질 수 없다는 것은 전적으로 잘못된 것이다. 그 잘못된 믿음 탓에 자기 자식에게 '나는 이미 틀린 팀'이라는 생각을 하게 만드는 것은 최하의 교육이다. '나는 아무래도 아버지, 어머니가 바라는 착한 아이는 아닐 것 같다' 하고 자식이 생각하게 하는 것은 죄악이다. 가장 곤란한 교육이라고 말할 수밖에 없다.

행복해지는 데에는 좀 더 푹신푹신하고 걷기 쉬운 길이 많이 있다.

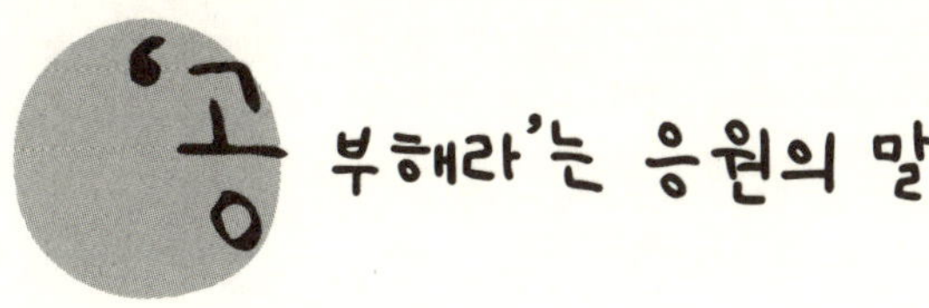

'공부해라'는 응원의 말

공부를 잘하는 것은 나쁘지 않지만, 그렇지 않으면 틀린 팀이라는 것은 절대 아니다. 우선 그 같은 사실을 잘 이해해주기 바란다.

다만 착각하지 말기 바란다. 공부를 못해도 그 사람이 행복해지는 길이 얼마든지 있다고 해서, 공부 따윈 하지 않아도 된다, 그런 것은 하지 않는 것이 좋다고 생각하는 것은 아니다.

공부를 잘하는 아이도 못하는 아이도 초등·중학생 때에는 될 수 있는 한 열심히 공부를 해야 한다. 할 수 있는 범위 내에서 하는 것도 괜찮지만, 그것보다는 열심히 공부하는 것이 바람직하다.

왜냐 하면 초등·중학생 때라는 것은 인류가 구축해 온 문명이나 문화를 공부하고 어엿한 어른이 되기 위한 교육을 받는 시기다. 정상적인 어른이 되기 위해 꼭 필요한 공부를 한다고 할 수 있다.

따라서 학교 수업에 착실히 임하는 것이 좋다. 이 시기는 공부하여 세상의 지식이나 학문의 여러 가지를 알아야 할 때인 것이다. 그런데 나는 그런 것을 하고 싶지 않다며 공부를 그만두는 것은 인정할 수 없는 일이다.

예를 들면 운동회에서 달리기 경기를 한다고 생각해 보자. 전원이 참가하여 달리는 경기다. 그래서 6명 단위로 달린다고 하면 1위를 하는 아이가 있을 것이다. 그러나 꼴찌 하는 아이도 반드시 있다.

이때 꼴찌밖에 할 수 없는 아이도 열심히 뛰어야 한다는 것은 당연하다. 달리기 경기는 모두 열심히 달려 누가 더 빠른가를 겨루는 것이기 때문이다. 그런데도 '나는 어차피 꼴찌니까' 하고 뛰

지 않고 걷는 아이가 있다면 그것은 옳지 않다고 나는 생각한다. 1위를 할 수 없고 틀림없는 꼴찌라고 해도 달리기 경기를 하는 한, 자신이 할 수 있는 범위 내에서 최선을 다해 달려야 한다.

그와 마찬가지로 초등 · 중학생은 학교에서 수업을 받고 지혜를 닦아 나가는 경기에 참가하고 있는 것과 같다. 그런 시기이기 때문에 누구나 노력해야 한다. "너는 하루 10시간은 공부해서 반드시 반에서 일등이 되라."라고 터무니없는 말을 하고 싶지는 않다. 하지만 무엇이든 할 바에는 착실히 도전하는 것이 좋다는 의미에서 초등 · 중학생은 공부를 열심히 해야 한다.

그래서 부모가 "공부해라!" 하고 말하는 것은 부모이기 때문에 걱정돼 하는 응원의 말이라고 생각하는 것이 좋다.

부모는 내 자식이 달리기 경기를 하고 있으면 응원하고 싶어서 큰소리로 "힘 내!" 하고 말하는 것이다. "힘 내, 힘 내, 열심히 뛰어!" 하고 응원하는 것이 부모의 훌륭한 점이다. 이 때 부모는 비록 아이가 6명의 선수 중에서 6번째 즉, 꼴찌로 뛰었다 해도 응원하는 것이다.

그 '힘 내!'라는 것은 꼭 1위를 하라는 명령이 아니다. 꼴찌라도 좋지만 최선을 다해 열심히 하라는 응원인 것이다. 그렇게 큰소리로 응원해 주는 부모가 있다는 것이 얼마나 좋은가.

'공부해라'도 그와 마찬가지다. 그것은 꼭 반에서 일등이 되라는 명령이 아니다. 좋은 학교에 진학해 달라는 의미도 아니라고 생각한다. 공부를 잘하지 못하면 행복해질 수 없다고 으름장을 놓는 것도 아니다. 위협이 아닌 것이다.

부모는 자녀가 초등·중학생이거나 대학 진학을 앞둔 수험생이기 때문에, 공부라는 달리기 경기에서 "노력하라!" 하고 응원하는 것이다. 그런 성원을 보내오면 조금은 노력해 보는 것이 인간의 당연한 도리이다. 그렇게 생각하는 것이 좋다고 나는 생각한다.

그리고 다음에 말하는 것을 명심해 주기 바란다.

공부를 잘하는 것은 인간이 행복하게 살아가기 위한 하나의 길일지 모른다. 그러나 행복해지기 위한 길은 반드시 그것 하나만은 아니다. 여러분은 자신에게 잘 어울리는 길을 걸어서 행복해질 수 있다. 그 길은 반드시 있으니까.

제2장

이긴 팀이 되려고 하지 마라

유명해지기를 원하는 이상한 꿈

제1장에서 나는 비록 공부를 잘하지 못해도 행복해진 사람은 얼마든지 있다는 말을 했다. 그래서 "유명한 스포츠 선수라든가 탤런트 등도 행복한 것 같지 않는가?" 하고 말했다. 그래서 내가 말하고 싶었던 것은 공부를 잘하는 것 이외에도 인간에게는 여러 가지 재능이 있기 때문에 자신이 가지고 있는 그런 재능을 활용해 사는 사람이 행복하다는 것이었다.

하지만 그 예로 스포츠 선수나 탤런트를 들었기 때문에 착각하는 사람이 있을지도 모른다. '스포츠 선수나 탤런트는 유명인이다'고 생각하고 동경의 한숨을 쉬는 사람을 말하는 것이다.

여러분은 '유명인이 되면 행복하다'는 생각을 하지 않는가.

'유명인이 되면 더 없이 기쁘지만 아마도 나는 유명인은 되지 못하기 때문에 내 인생은 따분하다'고 생각하는 사람이 상당히 많다고 생각한다.

요즘 셀레브(celeb)라는 말이 많이 사용되고 있는데 여러분은 알고 있는가. 셀레브의 휴일 보내는 방법은 이렇다는 식으로 사용한다.

이 셀레브라는 것은 셀레브리티(celebrity)라는 영어의 후반부를 생략해서 전반부만 사용하는 말로, 그 의미는 유명인이라는 것이다. 그리고 왠지 모르게 부자라는 느낌도 포함되어 있다.

대부분의 사람들은 유명하고 부자라는 사람을 동경한다. 그 때문에 셀레브라는 말이 많이 사용되는 것이다. 셀레브는 이런 놀이를 하며, 이런 맛있는 것을 먹어서 부럽다는 등의 생각을 현대인은 한다. 그리고 '나도 셀레브가 되면 더 없이 행복하겠는데…' 하는 강한 바람을 갖는 것이다.

여기서 여러분에 대해 생각해 보자. 여러분도 유명인이 되면 좋겠다고 동경하지는 않는가. 유명인이 되면 그 모습을 보기만 해도 모두가 "와!" 하고 동경의 한숨을 쉬는데 '참으로 기분 좋겠다' 하고 생각지 않는가. 그래서 '내가 셀레브라면 좋을 텐데, 아무래도 그렇게는 될 것 같지 않고 재미없는 인생이다' 하고 생각지 않는가.

만약 그렇게 생각한다면 그것은 매우 이상한 바람이다. 조금만 생각해 보면 그 이유를 곧 알 수 있다.

셀레브 즉, 그 어떤 것으로 인해 유명해진 사람은 뭔가 사람들이 주목할 만한 것을 했기 때문에 이름이 많이 알려져 있는 것이다. 다시 말해 그 사람이 한 일의 결과가 유명한 것이다. 그런데도 '나는 무엇을 하고 싶은가, 무엇을 하면 잘 될까' 하는 문제는 전혀 생각지 않고 단지 유명하다는 결과만을 바라는 것은 이상한 짓이다.

좀 더 구체적으로 생각해 보자.

'여러 사람에게 많이 알려져서 유명하다'는 것을 잘 생각해 보면 둘로 나눌 수 있다. 그것은 좋은 일을 하여 유명한 경우와 나쁜 일을 하여 유명해진 경우다.

보통 인간은 나쁜 짓을 해 유명한 인간은 되고 싶지 않을 것이다. 연쇄 살인사건의 범인으로 여러 사람을 죽이고 결국 잡힌 경우 그 범인은 상당히 유명해진다. 하지만 그런 유명인은 되고 싶지 않을 것이다. 말할 것도 없이 좋은 일을 해 유명해지고 싶은 것이다.

그런데도 '내가 하고 싶은 좋은 일이란 무엇일까'에 대해 생각지 않으면 이상하지 않는가.

예를 들면 여기에 목소리가 곱고 노래를 잘하는 한 소녀가 있다고 하자. 그 아이는 노래를 부르고 있으면 매우 즐겁다고 하자. 그 정도가 되면 자연히 가수가 되고 싶다는 꿈을 꿀 것이다. 노래 콩쿠르에 나가거나, 가두에서 노래를 부르거나, 프로덕션에 이력서를 보내는 등의 노력을 할 것이다. 그리고 운 좋게 가수가 되었다고 하자. 그러면 내놓은 곡이 히트하여 팬도 많이 생긴다. 그렇게 하여 그 소녀는 유명해진 것이다.

그 아이는 가수가 되고 싶다는 희망을 실현해 유명해진 것이다. 그 아이는 유명해지고 싶은 것이 아니라 가수가 되고 싶었던 것이다. 그 희망이 이루어졌기 때문에 유명이라는 경품이 붙었던 것뿐이다.

자신의 인생에 대한 희망이란, 그런 식으로 갖는 것이고 그런 식으로밖에 가질 수 없다. 무엇을 해서 살아가는 것이 행복일까에 대해 생각해야 한다.

그런데 무엇을 하고 싶은가는 생각하지 않고 단지 유명해지면 좋겠다고만 생각하는 것은 터무니없이 이상한 것이다. '복권이 당첨되면 좋을 텐데…' 하고 어렴풋이 생각만 할 뿐 복권을 한 장도 사지 않는 사람과 똑 같다. 아무것도 하지 않고 어떻게 복권이 당첨되겠는가.

다시 강조하건대, 무엇을 한 결과로서 유명해지는 일은 있다. 하지만 무엇을 하고 싶다는 생각은 없이 단지 유명해지고 싶다는 생각만 하는 것은 참 이상한 일이다.

유명인이 되고 싶은 것은 어린애 같은 소망

요즘 세상에는 대부분의 사람들이 셀레브를 동경하고 있다. 자신이 하고 싶은 일은 아무것도 없는데 단지 유명인은 좋겠다고 생각한다. 생각해 보면 너무나 이상한 풍조다.

그것은 희망을 갖는 방법이 어린아이처럼 되어 있기 때문이라고 나는 생각한다. 무엇을 보아도 갖고 싶고, 떼쓰고, 손에 들어오지 않으면 우는 어린 아이의 사고방식과 비슷한 것이다.

자신이 셀레브가 되지 않으면 지독히 따분해서 불만이라는 것은 어린 아이들의 사고방식이다. 그것을 좀 분석해 보면 어떻겠는가.

겨우 걷게 되고 말도 할 수 있게 되었을 무렵의 어린 아이란 자신에 대한 것을 생각하는 (자신에 대해서 알다) 것이 고작이다. 남의 일에 대해서는 생각할 수 없다. 나는 먹고 싶다, 나는 졸린다, 나는 따분하다는 식으로밖에 생각할 줄 모른다. 자신 이외의 인간이 무엇을 어떻게 생각하는지는 전혀 모른다. 그렇기 때문에 오로지 자기 본위로만 사는 것이다. 그러므로 아이는 마치 임금님처럼 자기중심적으로 행동한다. 아버지나 어머니나 형제 등은 '귀여운 우리 집 꼬마'라고 생각하기 때문에 어린 아이의 자기중심적인 행동을 대체로 인정해버린다.

그런데 아이도 점점 자라면서 아무래도 자신이 이 세상의 주역이 아닌 것 같다는 생각을 하게 된다. 동생이나 여동생이 태어나서 어머니의 관심이 그쪽으로 쏠리면 아이는 상당히 불안한 생각을 한다. 그리고 싫어도 참아야 한다는 것이 세상에는 있다는 것을 알게 되는 것이다. 동생이나 여동생이 태어나지 않는 경우에도, 벌써 5살이 되었으니까 제멋대로 굴지 말고 다른 사람들의 말을 잘 알아듣고 행동하라는 교육을 받는다. 이렇게 해서 무엇이든 희망한 대로 된다는 시기가 끝난다.

그리고 초등학교에 입학하면 벌써 자신이 세계의 주인공이라고 생각했던 시대는 완전히 끝난다. 한 반에 모인 1학년생들 전원이 같은 취급을 받으니까. 어린 아이라 해도 남이 싫어하는 짓을 하면 안 된다, 자신만 좋으면 된다는 생각도 용납되지 안 된다, 규칙을 지키지 않으면 안 된다는, 사회 속 일원으로서의 생활 태도가 요구되기 때문이다.

그렇게 되었을 때 '내 희망만이 우선적으로 모두 이루어지면 좋을 텐데…' 하는 생각을 해도 이미 그렇게는 안 되는 것이다. 아이는 세상에는 체념해야 할 희망도 있다는 것을 알게 되는 것이다. 그것이 한 단계 성장하는 것이다.

그런데 이 무렵 셀레브가 세상에서 큰 화제가 되고 있다. 젊은데도 회사 사장이 된 사람이 자가용 제트기를 샀다느니, 저 셀레브는 파티에 이런 드레스를 입고 가고, 이렇게 비싼 액세서리를 달고 있었다는 것에 모두가 신경 쓰는 것이다. 텔레비전을 보아도 그런 정보를 집중적으로 방송한다. 그리고 많은 사람들이 '셀레브는 좋겠다', '나도 셀레브가 되고 싶다' 하고 한숨을 쉬는 것 같다.

그런 셀레브에 대한 동경은 "갓난아기 시대로 되돌아가고 싶다."라고 말하는 것과 같다. 자신만이 세상의 중심에 있으며 자신의 바람은 특별히 이루어질 수 있다는 사고방식으로 되돌아가고 싶어 하는 것이다. 세상에는 타인도 있다는 사실을 깨닫기 전의 사고방식으로 되돌아가고 싶어 하는 것이다.

'만약 내가 셀레브라면 돈이 얼마든지 있으니 원하는 것은 무엇이든 손에 넣고 행복할 텐데…'라는 어이없을 정도로 유치한 꿈을 가지고 있는 것이다.

'돈이 얼마든지 있으면 분명히 즐겁겠지만 그렇게는 안 되겠지' 하고 생각하는 것이 어른이다. 그리고 '내가 원하는 것 전부를 손에 넣을 수 있는 것은 아니지만 손에 들어오는 것도 있다, 그것만으로 얼마간은 행복하지 않는가' 하고 생각하는 것이 정상적인 인간인 것이다.

그런데 모두 셀레브를 동경하고 있다. 이상한 일이다.

요즘 일본에서는 어른조차 셀레브를 동경하는 어린아이 같은 마음이 되어 있다. 따라서 어른이 아닌 아이들이 '내가 유명하면 좋을 텐데…' 하고 생각하는 것은 무리가 아닐지 모른다.

그렇지만 역시 '셀레브라면 행복할 텐데…'라고 생각하는 것은 크게 잘못된 사고방식이다.

이긴 팀, 진 팀은 잘못된 분류

셀레브라는 말 이외에 요즘 이긴 팀, 진 팀이라는 말을 자주 듣는다. 사회 평론을 할 때 사용되는 그런 말이 여러분의 귀에는 전달되지 않았을지도 모르겠다.

하지만 이 말은 오늘날 세상에서 살아가는 데 있어서 너무 중요한 키워드이다. 앞으로 여러분도 신경을 써야 할 말일지도 모르기 때문에 알기 쉽게 설명해 보자.

제1장에서 나는 일본은 앞으로 격차사회가 되어 갈 것 같다는 말을 했다. 복 받은 상층과 그렇지 못한 하층으로 사람들이 이분화 되어 간다는 것이다. 따라서 자녀를 가진 부모들은 자신의 자녀가 될 수 있으면 상층에 들어가기 바라며, 결국 자녀를 좋은 학교에 들여보내기 위해 공부하라고 독려한다는 말을 했다.

격차사회라는 것은 계층사회라고 바꿔 말할 수 있을 것이다. 인간이 상층과 하층으로 나누어지는 사회이니까.

그런 사회라면 누구나 상층에 들어가고 싶은 법이다. 상층이라면 신분이 안정되고 급여도 많이 받는다. 병이 들어도 병원에서 좋은 치료를 받을 수 있다.

그런데 그와 같이 상층에 들게 된 인간들을 이긴 팀이라고 하는 표현이 나왔다. 그에 비해 그렇지 못한 사람들을 가리켜 진 팀이라고 부른다.

상당히 엄격하고 가혹한 말이다. 열심히 살고 있는 사람들에게 배려하는 마음도 없이 "당신은 진 팀이다."라고 말한다. 그리고 조금 장사가 잘 되는 사람들은 마구 으스대는 얼굴을 하고 "나는 이긴 팀이니까." 하고 말한다. 그런 인간 곁에는 가고 싶지 않다는 느낌이 든다.

그런데 요즘 이긴 팀, 진 팀이라는 말에 신경 쓰는 사람들이 매우 많다. 모두 '나도 이긴 팀이 되고 싶은데 될 수 있을까' 하고 마음을 졸이는 것이다.

또 예를 들면 별로 유명하지 않는 조그만 회사에서 일하는 사람이 '나는 진 팀이 되겠군. 사람들은 나를 가리켜 비참한 사람이라고 생각할 것이다'는 등 신경을 쓴다.

나는 여기서 여러분에게 분명히 말하고 싶다. 인간을 이긴 팀과 진 팀으로 나누는 사고방식은 매우 잘못되어 있으니 그만두자. 그 사고방식은 많은 사람을 불행하게 할 뿐이다.

분명히 인간에게는 마음 어딘가에 경쟁심이 있어서 이기고 있다, 지고 있다는 것에 신경 쓰는 일면이 있다. 실은 인간뿐만 아니라 세력권 다툼을 하는 동물에게도 그런 점이 있다. 이기고 있는지 어떤지에 몹시 신경 쓴다는 것이다.

예를 들면 남성은 학력이나 직업, 수입에 대해서 '이기고 있구나' 또는 '약간 지고 있구나'라고 생각하면서 살고 있다.

그리고 여성도 얼굴이나 스타일, 패션 센스로 '저 사람에게는 이기고 있다, 지고 있다' 하면서 신경 쓴다. 그리고 결혼하면 '내 남편이 저 사람의 남편보다 급여가 많다'는 것으로 이긴 팀을 마음에 두고 있다. 그리고 자식이 태어나면 '우리 아이가 저 사람의 아이보다 됨됨이가 좋다' 하고 이긴 팀을 생각한다.

인간에게는 아무래도 그런 면이 있는 것이다. 이 때문에 나는 그것을 그만두라고 말할 생각은 없다.

하지만 이긴 팀과 진 팀으로 사람을 나누는 것은 큰 잘못이다.

요행히 이긴 팀에 들어가면 모든 것에 대해 다 이긴 것이 되고, 아무런 불만도 없는 인생이라는 사고방식이 이상한 것이다. 진 팀에 들어가면 인생은 오로지 불행할 뿐이라는 생각도 터무니없는 것이다. 인간에 대해서 그런 분류는 있을 수 없다.

그 사람과 나를 비교했을 때 이것으로 내가 이기고 있을지 몰라도 다른 것으로는 내가 지고 있는 부분도 있다. 어찌되었거나 서로 각자의 인생이 있다는 것이 차분한 사고방식이다. 그런데도 이긴 팀에 들어가 전승했다는 것은 이미 말했듯이 어리석은 생각이다. 셀레브가 되고 싶다는 것은 실은 아이의 사고방식과 같아서 유치한 꿈에 불과하다. 모든 일에서 이기는 인생이란 있을 리 없다는 어른의 지혜가 빠져 있는 것이다.

그리고 이긴 팀에 들어가고 싶다는 동경은 실은 인간을 불행하게 만드는 근원이다.

왜냐 하면 모든 면에서 이기며 살아가는 인간은 어디에도 없기 때문이다. 어디에도 없고 불가능한 것을 희망하면 '이기지 못하고 있다', '이것으로는 지고 있다', '이 점이 생각대로 되지 않았다'는 식으로 불만만 쌓이는 것 아니겠는가. '아, 내 인생은 왜 이렇게 잘 안 풀리는 것일까, 이런 인생은 싫다'는 등의 생각이 들지 않겠는가.

결국 불만이 쌓이고 얼굴에서 웃음이 사라져 재미없는 인생이 된다.

인생은 불평등한 것이다

인생은 불평등한 것이다. 그렇지만 인간을 이긴 팀과 진 팀으로 나누어 꼭 이긴 팀에 들고 싶다, 그렇지 않은 인생이란 싫다는 식으로 생각하는 것은 참으로 어리석은 일이다. 그런 이긴 팀의 인간이란 이 세상 어디에도 없다.

예를 들면 동경대에 쉽게 합격할 수 있는, 학교 성적이 좋은 사람은 실제로 있다. 똑 같은 것을 바라면서 합격하지 못한 사람 입장에서 보면 '좋겠다, 저 사람은 이기고 있구나' 하고 생각할지도 모른다.

굉장한 미인인데다 매력적이어서 부자 남성들이 다가와 값비싼 보석을 잇따라 선물하는 호사스런 여성도 세상에는 있다. '좋겠다' 하고 부러워하는 여성이 있을지도 모른다.

회사를 설립한 후 사업이 대성해 자산이 수십 억 엔이나 되며 모든 일이 잘 풀리는 사장도 세상에는 있다. 그런 사람과 자신을 비교해서 일할 의욕을 상실하는 사람이 있을지도 모른다.

그밖에 모든 사람에게 사랑 받는 아이돌, 굉장히 아름다운 여배우, 대인기 만화가, 인기 프로야구 선수, 축구 선수, 코미디언, 베스트셀러 작가 등 세상에는 타인의 부러움을 사는 사람이 분명히 있다.

그러나 그런 사람도 모든 면에서 이기고 있는 것은 아니다. 동경대 수석인 사람은 운동에서 엉망일지도 모른다. 호사한 미인은 남자 운이 없을지도 모른다. 큰 회사 사장은 자식이 불량해서 몹시 곤란한 처지에 놓여 있는지도 모른다.

이긴 팀 즉, 어디에도 존재하지 않는 것을 나타내는 말의 트릭에 속아서는 안 된다.

어떤 면에서 인생이 잘 나가는 사람을 보면, '나도 저런 식으로 희망한 것이 이루어지고 노력한 대가가 돌아오는 인생이라면 좋을 텐데…' 하고 그것을 부러워할 것이다. 그렇지 않고 '나는 무엇인가를 하고 싶은 것이 아니라, 단지 이긴 팀이 좋다'고 하는 것은 말이 안 된다.

"그런 팀은 없다."라는 대답이 돌아올 뿐이다.

그런데도 이긴 팀이 될 것을 동경하는 사람은 유아처럼 단순히 인간은 평등하다는 생각에 사로잡혀 큰 오해를 하고 있는지도 모른다.

인간은 평등할 텐데 저 사람은 부자고 나는 그렇지 않다. 그런 것이 싫으니까 나도 이긴 팀에 들어가자.

왜 저 여성만 인기가 있는 거야. 나도 이긴 팀이 되어 인기를 얻고 싶다.

내가 이치로 선수보다 야구를 잘 못한다는 것은 재미없다. 나도 이긴 팀에 들어가자.

그런 생각들은 희망을 갖는 방법이 완전히 잘못되어 있기 때문이다. 인간이 평등하지 않으면 안 된다는 것은 그런 의미가 아니다.

평등해야 한다는 것은 어떤 사람에게나 입구가 열려 있어야 한다는 뜻이다. 무슨 일이든 도전할 수 있는 자유가 평등해야 한다는 것이다.

동경대에 응시할 수 있는 사람은 연수입이 5,000만 엔 이상 되는 집의 자녀뿐이라고 한다면, 그것은 좋지 않은 불평등인 것이다.

변호사가 되고 싶어도 응시 자격은 남성밖에 없다고 하는 것 등.

당신은 이런저런 이유로 이것을 희망해서는 안 된다고 하는 것, 그것이 바로 있어서는 안 되는 불평등인 것이다. 현대 사회는 평등하게 모든 사람에게 입구가 열려 있어야 한다.

그런데 모든 사람에게 입구는 열려 있지만 거기서 안으로 들어갈 수 있을지 어떨지는 별개 문제다. 도전할 기회는 평등해야 하지만 그 결과는 불평등하다. 입학시험을 치는 기회는 누구에게나 평등해야 한다. 하지만 그 결과는 합격하는 사람과 합격하지 못하는 사람이 있고 그야말로 불평등하다.

이 세상이란 그렇게 불평등한 것이다. 그런 것은 당연하지 않는가. 같은 여자아이를 좋아하게 된 남자아이가 두 사람이라면, 한쪽은 사이좋게 되고 다른 한쪽은 차이곤 한다. 그런 불평등이 인생이라는 것이다.

그럴 때 내가 이길 수 있는 것은 무엇일까를 생각하고, 어떤 방법으로 행복해지겠다는 방침을 정하고, 도전해 나가는 것이 지극히 정상적인 인생관이다.

그런데도 어떤 불평등도 마음에 들지 않아서 이긴 팀이 아니면 싫다며 신음하는 것은 스스로 불행해지고 있다는 증거이다.

그런 갓난아기와 같은 불만을 가지고 울부짖는 인간은 행복해질 수 없고 오히려 불행해질 뿐이다.

그러므로 여러분은 결코 이긴 팀이 되려고 생각해서는 안 된다. 정확히 목표를 가지고 그것을 달성하기 위해 노력하는 '성실한 팀'이 되도록 하자.

제3장

너에게는 확실한 값어치가 있다

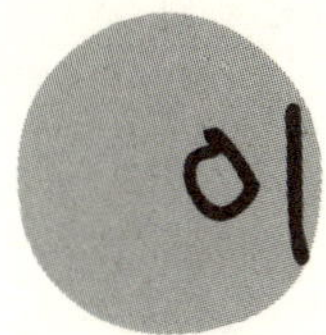 세상에 값어치 없는 인간은 없다

　이 장에서는 여러분의 인간으로서의 값어치에 관한 것을 생각해 보자.

　인간으로서의 값어치란 약간 낯설지만 마음이 끌리는 말이다. 인간으로서 여러분은 어떤 값어치가 있을까.

　내게 그런 것이 있을까 하고 자신 없는 말을 하는 사람은 없을까. 그것이 엄연히 있고, 스스로 이것이 내 값어치라는 것을 정확히 알고 있으면, 자신감을 가지고 살아갈 수 있을 것이다. 이 때문에 모두들 '그런 것이 있으면 좋겠다' 하고 원할 것이라고 나는 생각한다.

　그런데 자신의 값어치가 무엇인지는 좀처럼 알 수 없다. 그리고 점점 자신감을 잃고 약한 소리를 내는 사람도 있다. 나에게는 아무런 값어치가 없단 말인가 하고.

　예를 들어 주위 어른들이 당신에게서 자신감을 빼앗는 경우가 있을지도 모른다. 부모라든가, 학교 선생이라든가, 클럽 활동의 코치라든가.

"네 성적은 눈에 띄게 두드러지지 않는군."

"네 실력으로는 정규 선수는 되지 못하고 보결이겠군."

그런 식으로 주위 어른들이 계속 여러분에 대해 높이 평가하지 않는다면 여러분은 자신감을 상실하게 될 것이다. 나에게는 좋은 점이 하나도 없으니까 하고 침울해 한다.

하지만 나는 여기서 그렇지 않다고 단언한다. 여러분에게는 정확히 값어치가 있다.

내가 60세의 소설가라는 것은 이미 말했다. 소설을 쓰는 사람은 인간에 관해서 잘 알고 있어야 한다. 그러므로 나는 벌써 50년 가까이 인간에 관한 것을 계속 관찰해 왔다. 지금도 오로지 인간에 관한 것을 생각하고 있다. 이 사람은 어떤 사람일까, 이 사람은 왜 화를 낼까, 이 사람은 왜 슬퍼하고 있을까 등을 생각하고 분석하며 살아 왔다. 약간 자만하는 것처럼 보일 수도 있지만 나는 대단한 인간 박사다.

그런 내가 자신 있게 단언한다. 나는 지금까지 값어치가 하나도 없는 인간을 한 사람도 본 적이 없다고.

인간에게는 반드시 값어치가 있다. 따라서 여러분에게도 값어치가 있다.

그래서 우선 누구에게나 있는 인간의 근본적인 값어치에 관한 것부터 생각해 보자.

어떤 사람에게나 그 사람 나름의 값어치가 있다.

그런데 약간 의외일지 모르지만, '아니, 그것이 값어치인가' 하고 생각하는 사람도 있을지도 모른다.

내가 "여러분에게는 당신 자신이라는 값어치가 있다."라고 말하기 때문이다. 그런 식으로 말해봤자 별로 기쁘지 않으며 조금도 개운하지 않다고 여러분은 생각할지도 모른다.

나는 나다. 하지만 여러분은 그런 내가 남에게 칭찬 받을만한지 아닌지에 대해 신경 쓰고 있지 않는가. 내게 무엇인가 뛰어난 점이 있고 사람들이 대단하다, 훌륭하다고 생각할만한 것이 있는지 없는지에 대한 문제다.

그런데 "여러분은 여러분 자신이니까 좋다."라는 말을 들으면, 그런 것은 당연한 것이고 조금도 기쁘지 않다고 생각할지도 모른다.

하지만 그렇지 않다. 여러분이 지금 자기 자신으로 살고 있다는 것은 다른 어떤 것으로도 대신할 수 없는 대단한 가치가 있는 것이다.

이런 것을 생각해 보자. 지금 이 지구상에는 65억 이상의 사람이 살고 있다. 지금까지 이 지구상에는 2,000억 이상의 사람이 태어나 살아왔다고 한다. 굉장한 숫자다. 개중에는 위대한 발명을 한 박사가 있었는가 하면 대문호도 있었다. 도둑도 있었고 살인범도 있었다. 100세까지 산 사람도 있었고, 태어나서 6개월이 채 못 되어 죽은 아이도 있었다. 온갖 사람이 전 세계 곳곳에 흩

어져 살고 있었던 것이다.

그런데 그렇게 많던 인간들 중에 여러분은 단 한 사람이며, 자기 자신 외에 여러분은 없다. 이 세상에서 여러분은 단 한 사람의 존재다.

그것은 다시 말해서 이 세상에는 여러분을 대체할 수 있는 인간은 존재하지 않는다는 것이다. 그것이 굉장히 크고 소중한 의미라고 생각지 않는가.

여러분은 여기서 자신에 관해 생각해 보라. 그런 얼굴을 하고 있으면서, 그런 성격으로, 그렇게 살고 있는 여러분 자신. 생각하면 제법 좋은 녀석이 아닌가 하는 느낌이 들지 않는가. 나를 대신할 나와 꼭 닮은 누군가란 없다고 생각할 것이다.

불쾌한 소리 같지만 상상만 하는 것이니 참아주기 바란다. 만약 여러분이 죽어 없어진다면 이 세상에는 절대로 여러분 자신이 있을 수 없다. 만약 그렇게 된다면 이 세상은 얼마나 무의미한 세상이 되겠는가 하는 생각이 들지 않는가.

따라서 여러분 자신에게는 값어치가 있는 것이다. 여러분에게는 절대 가치가 있다.

'네가 너'라는 것의 가치

　이렇게 말해도 나는 그런 생각에 동의하지 않는다는 사람이 있을지도 모른다. 아직도 나 같은 것은 아무런 가치가 없다고 느끼는 사람이다.

　그런 사람은 어떤 이유로 인해 자신을 상실하고 있는 것이다. 그 때문에 자신이 무가치하다고 생각하는 나쁜 사이클에 들어가 있다.

　'나 같은 것은 얼굴도 못생겼고, 머리도 좋지 않으며, 스포츠를 잘하는 것도 아니고, 좋은 점이라고는 하나도 없다. 부모도 별로 사랑해 주지 않고, 아무도 칭찬해 주지 않는다. 나 같은 것은 있어도 그만, 없어도 그만이다. 아무도 마음에 두지 않는다.'

　이런 인간이 아니라 '머리가 좋고, 얼굴이 잘 생기고, 스포츠 만능인데다 피아노를 잘 치고, 그림을 잘 그리고, 목소리가 좋고, 개그의 센스도 있는 인간이라면 아주 행복할 텐데…' 하고 생각할지도 모른다.

　그러면 시험 삼아 그렇게 되어 보자. 인간에게는 상상력이 있기 때문에 소설적인 공상을 해 보는 것이다.

여러분의 인생을 그런 공상 속의 이상적인 인간의 인생과 바꿔 보자. "Let's change!" 하고 외치면 여러분은 대 변신을 하는 것이다.

여러분은 이제 얼굴이 잘 생기고 머리가 좋고 스포츠의 천재이기도 하다. 무엇을 시켜도 못하는 것이 없다. 당연한 일이지만 살아 있는 것이 즐거워서 어찌할 바를 모를 것이다. 아무 불만도 없다. 마음이 들떠 있는 인생이다.

그런데 그렇게 되었을 때 원래의 여러분 자신을 어떻게 할 것인가 하는 문제가 나오게 된다.

지금 소설적인 공상을 하고 있으니까 소설적으로 생각해 보자.

여러분을 훌륭한 인간으로 바꿔 준 신이나 악마가 당신에게 이렇게 말한다.

"그러면 지금까지의 여러분 자신은 어떻게 할까? 원래 세련되지 못하고 아무 가치도 없었던 사람이다. 이제 필요 없으니까 죽여 버릴까?"

그 말을 듣고 여러분은 어떻게 대답할까.

"응. 그것은 필요 없으니까 처분해 버려도 좋아."라고 대답하겠는가.

그렇지는 않다고 생각한다. 여러분은 아마도 골똘히 생각하며 이렇게 말하겠지.

"그것을 죽이지 말고 그대로 두는 것이 좋겠다. 서둘러 처분해 버릴 필요는 없으니까."

그리고 시간이 지남에 따라 원래의 자신을 없애고 싶지 않다는 자신의 마음을 깨닫게 될 것이다. 지금은 좀 더 가치 있고, 이것저것 모두 멋진 자신이 되어 있는데도 원래의 세련되지 못한 자신을 없애고 싶지 않은 것이다.

그 이유가 무엇일까. 그 쪽이 진짜 여러분 자신이기 때문이다.

여기서는 소설적 공상 놀이를 하고 말았다.

이 공상에서 내가 말하고 싶었던 것이 무엇인지 알겠는가.

어떤 인간이라도 진실로, 근본적으로는 자신을 좋아한다고 말하고 싶은 것이다. 이것은 절대적인 진리다. 자신에게는 자신이 제일 소중한 존재이다. 다른 어떤 것보다 소중한 것이다.

그것은 인간은 생물로서 태생적으로 그렇게 되어 있다는 원리인 것이다. 생물은 우선 자신을 좋아하고, 소중히 여기며, 자신이 살기를 바란다. 그렇지 않으면 자신을 지킬 수 없기 때문에 죽게 되고 그 생물은 멸망해 버린다. 그러므로 그런 일을 피하기 위해 우리 인간들은 자신을 제일 사랑하도록 만들어져 있다.

따라서 어떤 인간이든 절대적인 값어치가 있는 것이다. 여러분에게는 자신이 제일 소중한 존재이며 무엇보다 큰 가치인 것이다.

아무도 여러분 자신을 대신할 수 없다. 여러분이 살아 있다는 것은 절대적인 가치이다.

지금 지구상에 살고 있는 65억 이상의 모든 사람에게는 자기 자신이라고 하는 것보다 더 큰 값어치는 없다.

나는 우선 이 같은 사실을 여러분이 알아주기를 바라는 것이다. 인간이기 때문에 때로는 감정적으로 흘러 마음이 약해지는 경우가 있다. 그런 때에는 이런 근본적인 사실을 알지 못하게 된다. 내게는 살아 있을 값어치가 없다고 생각할 정도로 침울해지는 경우도 있다. 그런 경우에도 절대로 그렇지 않다는 사실을 반드시 생각해 내기 바란다.

여러분 자신은 유일한 존재이며 절대적인 값어치가 있는 것이다.

모든 사람은 뭔가 특기가 있다

이 장을 여기까지 읽고 나서도 조금도 행복하지 않다고 생각하는 사람이 있을지도 모른다. 그런 값어치가 있어 봤자 나는 조금도 기쁜지 않다고 생각하는 것이다.

자신에게는 값어치가 있다고 할 때의 값어치란 자기 자신으로서의 값어치가 아닌가 하고 생각하는 것이다. 자기 자신으로서 자신이 값어치가 있다는 것은 사실일 수 있지만 그것만으로는 기뻐할 수 없다는 것이다.

다른 사람이 나를 볼 때 '뭔가 잘한다', '재능이 있구나', '우수하다'고 생각할 수 있을지 없을지, 그것이 큰 비중을 차지한다고 생각하는 것이다. 남이 나를 보고 내게 값어치가 있다고 생각하지 않으면 나는 세련되지 못한, 아무 쓸모도 없는 인간이 된다고 생각한다.

그렇게 생각하고 내가 말하는 '누구에게나 값어치가 있다'는 설에 반대하는 사람은 생각이 깊다. 참으로 좋은 반론이다.

그렇게 생각하는 사람에게 내가 그대로 반론해 보겠다.

나는 우선 인간이 존재하는 것만으로도 훌륭하다는 것을 전달하고 싶어서 "여러분에게는 여러분 자신이라는 값어치가 있다."라는 말을 하고 싶은 것이다. 그것이 인간이 살아 있는 원리라고 말이다.

여러분이 거기까지 내 말을 이해했다면, 나는 그 다음에 한 사람 한 사람의 개별적 값어치에 대해 말하려는 생각이었다.

따라서 지금부터는 타인이 인정해 주는 여러분의 값어치에 대해 말해 보겠다.

50년 동안 인간을 차분히 보아 온 나는 이런 생각을 가지고 있다.

어떤 사람에게나 반드시 그 사람 나름대로 뛰어난 점, 칭찬할 만한 점 즉, 값어치가 있다. 단언하건대 나는 상당히 많은 인간을 보아 왔지만 칭찬할 만한 점이 없는 인간은 만나본 적이 없다.

모든 사람에게는 '이 사람은 이 점이 뛰어나구나', '여기가 훌륭하다', '이 사람의 이 능력에는 감탄하겠는데…' 하는 점이 있는 것이다. 그것이 하나도 없는 인간은 없다.

다만 세상에는 자신의 좋은 점을 깨닫지 못하는 사람이 종종 있다. 자신의 좋은 점을 모르고 자신에게는 좋은 점이 하나도 없다고 생각해 버리는 것이다. 그것은 터무니없고 잘못된 일이며, 살아가는 데 있어서 대단히 손해 보는 일이다.

그런 식으로 자신의 좋은 점을 깨닫지 못하는 사람은 인간의 능력을 매우 좁게 생각하는 경우가 많다.

예를 들면 제1장에서 나는 공부 잘하면 행복한가에 대해 생각하고, 그것도 행복해지는 길의 하나이긴 하지만 그 외에도 행복해지는 길은 얼마든지 있다고 말했다.

인간의 능력을 둘이나 셋, 많아야 10여 가지 정도일 것이라고 생각한다면 그것은 큰 잘못이다.

'나는 공부를 잘 못한다. 그래서 나는 값어치가 없다.'

'나는 스포츠를 잘 못한다. 그래서 나는 값어치가 없다.'

이런 생각들은 나열하면 아마 끝이 없을 것이다. 다만 그런 유형의 사고방식이라는 점을 이해하면 되겠다. 여자도 그런 여러 가지 '나는 무엇을 할 수 없다'는 고민이 있어서 자기 자신에게 자신감을 갖지 못하는 경우가 있을 것이다.

그런 사람 모두에게 나는 이렇게 말하고 싶다. 여러분이 생각하는 인간의 능력은 폭이 너무 좁다. 부모나 세상 사람들이 흔히 칭찬하는 범주 안에서만 생각하고 있다. 그 범위 안에서 자신에게는 그런 것이 없다고 생각하고 실망할 뿐이다.

인간의 좋은 점은 거의 무한하다고 할 수 있을 정도로 종류가 많다. 그리고 누구나 틀림없이 그런 좋은 점을 몇 가지씩은 가지고 있다.

그래서 '나는 어떤 일에 우수한가'를 알기 위해서는 자신을 직시하고 발견해 나가는 것이 중요하다. '부모나 세상의 기대에 보답할 수 있을까'라는 것에 대해서는 그다지 생각하지 않아도 좋다. 따라서 여러분은 이른바 잘 생기지 못했어도 자신의 좋은 점을 발견하려는 노력을 포기해서는 안 된다.

차분히 생각하면 그것은 반드시 발견할 수 있다. 자신을 제일 잘 아는 사람은 바로 자기 자신이기 때문이다. 그런데 주위 사람들로부터 공부를 잘 못한다, 침착하지 못하다, 주의력이 없다는 등의 말을 들으며 부대끼는 사이에 자신의 좋은 점을 잃어버리는 것이다.

여러분 자신에게는 틀림없이 값어치가 있다.

인간의 능력은 천차만별

다만 여기서 내가 이 책을 읽고 있는 여러분이 어떤 뛰어난 능력을 가졌는지를 알아맞히는 일은 할 수 없다. 나는 여러분을 모르기 때문이다.

따라서 여러분의 능력은 여러분 스스로 발견하는 수밖에 없다. 그 같은 능력의 종류는 무한하고, 인간은 누구나 그런 능력을 가지고 있으며, 아무것도 없는 사람은 없다는 나의 말을 믿고 찾아보기 바란다.

여러분이 그런 능력을 찾는 데 힌트나 계기가 될지 모르니, 내가 남에게서 느낀 '이 사람은 이런 것에 뛰어나구나'라는 실례를 몇 가지 들어 보겠다.

예를 들면 음악에 탁월한 센스가 있는 사람은 있다. 같은 음악을 여러 사람이 듣고 있어도 그 사람은 듣는 방법의 깊이가 다르다. 앗, 여기는 소리가 약간 잘못되어 있다는 것을 아는 사람이 정말로 있다. 대단한 능력이다.

패션 센스라는 것은 공부해서 익히는 것이 아니라 타고난 재능이다. 당연한 일이지만 그 재능이 있는 사람은 이 옷과 저 옷 중에 어느 쪽이 더 잘 어울리는지를 한 눈에 안다.

그 센스와 비슷한 능력을 가진 사람은 생활 속에서 쉽게 찾을 수 있다. 정리정돈에 탁월한 센스를 가진 사람은 타월이나 현관 매트, 종이 냅킨 등 모든 것을 센스 있게 정리한다. 테이블 위에 요리를 나열만 해도 뭔가 아름다워진다.

요리 이야기가 나왔으니 맛을 잘 아는 사람 이야기도 해 보자. 요리가 잘 되고 나서의 문제지만 맛보는 재능을 가진 사람도 있다. 레스토랑에서 먹은 맛있는 요리를 집에서 재현할 수 있는 능력이다. 그는 정말 대단하다고 감탄할 만한 사람이다.

어떻게 들릴지 모르겠지만 청소의 천재라는 것이 있다. 실은 내 어머니가 그렇다. 어머니가 청소하면 모든 것이 깨끗해진다. 알루미늄 새시로 된 레일의 틈새까지 반짝거린다. 나는 이런 것 도 훌륭한 재능이라고 절실히 생각한다.

그런 것과는 약간 다르지만 어느 누구하고도 사이좋게 친해 지는 사람이 있다. 타인을 누긋하고 즐겁게 한다. 그 사람이 있으 면 파티를 해도 자연히 즐거워지고 원만히 진행된다.

남의 마음의 움직임에 민감해, 슬퍼하는 사람이 있으면 무의 식중에 그 사람의 곁으로 가서 자연스럽게 위로하는 사람도 있 다. 그런 사람을 보면 왠지 부처님과 같은 사람이라고 감탄해 버 린다.

언쟁에서 절대로 지지 않는다는 이상한 재능을 가진 사람도 있다. 아무리 상대가 옳다고 해도 절대 언쟁에서 지지 않는다. 온갖 말을 하는 사이에 그가 이겨버린다. 그것이 좋은 능력일까 하고 의문을 제기하는 사람이 있을지도 모른다. 하지만 인간은 예를 들어 전쟁을 하고 있는 나라에서 지금 곧 탈출해야 하는 운명에 말려들 수도 있다. 그런 때 이 능력을 가진 사람은 대 혼란의 와중에서 입으로 위기를 타개해 무사히 일본으로 돌아올 수 있다고 생각한다. 대단한 재능이 아닌가.

요술 잘하는 사람이 있다. 그것도 바로 재능이다. 그는 사람들의 주의력의 움직임을 손으로 잡듯이 훤히 들여다보고 있다고 생각한다.

곤란한 일이라도 끈기 있게 노력해 결국에는 해내는 사람이 있다. 그 사람에게 있는 것은 끈기라는 능력이다.

가족 모두가 감기에 걸려 누워 있을 때 그 집에서 단 한 사람이 감기에 걸리지 않아 가족들이 놀라는 일이 있다. 그 사람은 병들어서는 안 된다고 생각할 때 병들지 않는 재능이 있다고 생각한다.

이런 식으로 여러 가지 인간의 능력을 나열해 보았다. 그런데 그런 능력은 이 정도 종류에 그치는 것이 결코 아니다. 여기에는 목소리가 좋다, 책 읽는 방법이 숙달되어 있다, 설득력 있는 화법을 사용할 수 있다, 매력적으로 말할 수 있다는 등과 같이 섬세한 것은 들어 있지 않다. 따라서 온갖 면에서 그런 섬세한 능력까지 생각해 나간다면 인간의 능력은 무한할 것이다.

공부, 스포츠, 얼굴, 스타일 등 모두가 칭찬하는 것만을 인간의 능력이라 믿고 있으면 그 밖의 인간의 무한한 재능은 보이지 않게 된다.

어떤 사람에게나 이 사람은 이 점이 뛰어나구나 하고 생각하게 만드는 장점이 있다.

따라서 여러분은 자신의 그것을 발견하도록 하자. 정확히 직시하고 '나는 이런 점에는 약간 자신이 있구나' 하고 생각하도록 하자.

그 앞에 여러분이 행복해지는 길이 있다.

제4장

필요한 것은 행복해지는 힘이다

자기 긍정심을 갖자

이 장에서는 여러분이 행복하게 살기 위해서는 어떤 힘을 가지고 있어야 하는가에 대해 신중히 생각해 나가자.

행복해지기 위해서는 인간으로서의 힘을 익혀야 한다. 그런 것은 설명하지 않아도 알겠지만 여기서 말하는 힘은 '힘이 세다', '힘이 센 사람'이라고 할 때의 체력적인 힘이 아니다. 나는 50kg의 짐을 들어 올릴 수 있으니까 행복해질 수 있겠다는 것은 익살이다.

그렇지 않고 인간으로 살아가는 데 있어서의 힘을 말하는 것이다. 그리고 그런 힘은 한 종류만은 아니다. 여러 가지를 생각할 수 있다. 나는 행복에 다가가는 힘을 네 가지로 나누어 생각한다. 그것을 차례로 설명해 나가자.

먼저 제3장의 내용을 되짚어 보자. 자신의 값어치를 정확히 발견하고 알아두자는 것이다. 이것은 바꿔 말해서 이런 것이 된다.

행복해지기 위한 힘 1 :

자신의 좋은 점을 알면 자신을 사랑하게 된다

우선은 여기서부터 시작한다. 자신의 가치를 정확히 확인해 두자는 것이다.

다만 이것은 그렇게 간단한 것이 아니다. 인간은 마음의 컨디션이 나쁠 때가 있다. 그런 때에는 '내게는 좋은 점이란 하나도 없다'고 느끼게 되는 것이다. 그리고 주위 사람들 중에는 배려심이 없는 사람이 있다. 이런 사람은 악의 없이 가벼운 마음으로 "너는 무엇을 시켜도 안 되는 놈이구나!" 하고 말하는 경우가 있다. 그러나 그런 말을 항상 들으면 내가 정말 그런가 하는 느낌이 든다. 그래서 아무래도 나는 쓸모가 없다고 생각해 버린다.

그러나 50년 동안 인간을 관찰해 온 내가 말하는 것을 믿어주기 바란다. 아무런 장점이 없는 인간이란 나는 한 사람도 본 적이 없다. 그러므로 틀림없이 여러분은 훌륭한 값어치가 있다. 그것이 무엇인가 하는 것을 부디 여러분 스스로 발견해주기 바란다.

그렇게 하면 자신감을 가질 수 있지 않는가. 어려운 말로 바꿔 말하면 자기 긍정심을 가질 수 있다는 것이다.

자신을 자신이라고 긍정하는 것은 자신이 가치가 있다고 판단하는 것이다. 따라서 자신에게는 가치가 있다고 생각하는 것이다.

그렇게 생각하면 자신감을 가지고 누긋하게 자신을 사랑하며 살 수 있다.

다만 이와 가깝지만 약간 다른, 별로 좋지 않은 사고방식도 있다. 그것을 설명해 보겠다.

자신을 사랑하게 되고 자신감을 가질 수 있다는 것은 어디까지나 자신을 잘 관찰하고 정확히 안 뒤가 아니면 안 된다.

그렇지 않고 자신에게 무엇이 있는가를 생각지도 않고 단지 나는 대단하다고 믿는 것은 잘못된 사고방식이다. 아무런 근거도 없이 '나이기 때문에 훌륭한 것이다'고 생각해 타인은 누구를 막론하고 어리석은 자들뿐이라고 깔보는 것이다.

그런 인간이란 남에게 폐를 끼치는 매우 거만한 인간이다. 자신의 값어치를 확인하지 않고 무조건 '나는 나이기 때문에 이기고 있다'고 믿는다.

그런 인간은 자신을 대단하다고 생각하고 싶다는 이유로 무조건 타인을 나쁘게 생각한다. 모두 어리석은 자들뿐이다. 누구나 하찮은 놈들. 나와 비교하면 아무것도 가치가 없는 쓰레기 같은 인간.

그런 식으로 타인을 깔봄으로써 자신을 올렸다고 착각하는 것이다.

나는 여기서 분명히 말해 둔다. 자신에게 자신감을 가질 수 있다는 것은 타인을 경멸하는 것과는 전혀 다르다.

자신감을 가질 수 있다는 것은 '나야말로 세계 제일'이라는 식으로 우쭐해 하는 것과는 다른 것이다.

그렇지 않고 나에게는 이런 좋은 점이 있다는 사실을 정확히 알고 있으면 내게도 정확히 값어치가 있다는 생각을 하게 된다. 이로 인해 다소 힘이 솟아오르는 상황이 된다. 그것이 자신에게 자신감을 가진다는 것이다.

타인을 깔보는 것이 아니라 자신을 긍정할 수 있는 것이다. 그런 힘을 갖기 바라는 것이다.

남에게 도움을 주는 기쁨

타인에 대해서는 오히려 따뜻한 마음을 갖기 바란다.

그렇게 말하면 도덕적인 생각이라고 말하는 사람이 있을지도 모른다. 타인에게 따뜻하게 하라든가 사람에게 친절하게 하라고 말하면, 올바른 것이라는 느낌이 드는 반면에 뭔가 착한 사람인 체 한다는 마음도 솟아오르는 것은 아닐까.

그리고 개중에는 이런 얄궂은 말을 하고 싶은 사람도 있을지 모른다.

인간은 실제로는 자신만 소중하고 타인 따윈 어떻게 되든 상관없다고 생각한다. 타인에게 따뜻하게 하자고 말하는 것은 착한 사람인 체 하는 거짓말이다. 자신만 좋으면 좋은 것을.

그 같은 사고방식은 상당히 반도덕적이다. 도덕적인 사람이 되기 위해 최선을 다하자고 하면 흥이 깨지는 경우가 분명히 있다. 남보다 자신이 우선이라고 얄궂게 말하고 싶어지는 경우도 있다.

하물며 본심은 자신의 욕망으로 번쩍이는 것 같은데 입으로

만 여러분의 행복을 위해 봉사하고 싶다고 말하는 교활한 어른의 모습을 보면 '아, 겉치레일 뿐 모두 거짓말이구나' 하는 생각을 하게 될 것이다. 그것은 대단한 비판 정신이며 나쁜 사고방식이 아니다.

그런데 그런 비판을 한쪽에 가지고 있어도 좋지만, 그 사고방식밖에 가지고 있지 않으면 행복에서 한 걸음 멀어져 간다. 같은 것을 다른 각도에서도 생각해 본다는 취지에서 많은 채널을 가지고 있는 것이 좋은 것이다.

사실은 우리 인간은 타인이 없으면 잘 살아갈 수 없다. 그것은 인간이 사회를 만들어 모두가 그 안에서 자기 소임을 다하는 덕분에 대단히 효율적으로 살아 갈 수 있는 것과 같은 이치이다.

무인도에 표류해 혼자 살아가야 할 경우를 생각해 보면 곧 알 수 있을 것이다. 모든 것이 불편해서 거의 살아갈 수 없다. 예를 들면 우연히 먹을 것은 충분하다 해도 사는 곳, 입을 것 등 다른 여러 가지를 해결할 수 없어 곧 곤란해진다. 게다가 즐거움도 없다. 신문도 텔레비전도 없으니까.

그래서 인간은 사회를 구성해야 효율적이고 쾌적하게 살 수 있는 것이다.

이 때문에 인간은 자연히 사회의 일원이라는 사실에 기쁨을 느낀다. 사회에 참가하고 싶다, 사회(다른 모든 사람)와 원만하게 해나가고 싶다고 생각하는 것은 당연한 것이다. 그것이 잘 되면 큰 행복감을 가질 수 있다. 그런 일면이 확실히 있다.

그래서 이런 힘을 가지고 있으면 된다.

행복해지기 위한 힘 2:
남에게 도움을 주는 기쁨을 알다

훌륭한 도덕에 대해 얄궂게 생각할 것은 없지 않는가. 옳다, 옳지 않다는 식으로 생각하기 때문에 뭔가 마음에 들지 않는다는 느낌이 드는 것이다. 옳다 혹은 옳지 않다 하더라도 어느 쪽이 더 기분이 좋은가를 생각하면 된다.

여러분은 남의 일 따윈 아무래도 상관없다고 말하고 싶은 기

분이 들 수도 있다. 하지만 여러분 앞에 타인이 행복한 듯이 있는 것과 불행해지는 것 중 어느 쪽에 여러분의 기분이 좋겠는가.

축제 장소에서 길을 잃고 우는 어린아이를 보면 시끄럽다고만 생각할 것인가.

눈이 나쁜 사람이 지팡이를 짚고 걷고 있다. 그 앞에 공사 중인 구덩이가 있지만 공사 중이라는 것을 알리는 표지판이나 컬러 콘(color cone)도 없다. "저걸 어쩌나!" 하고 보고만 있을 것인가.

할머니가 느린 걸음으로 횡단보도를 걷다가 한가운데서 넘어져 일어나지 못하는 모습을 보고 '실수했군' 하는 생각만 할 것인가.

인간은 타인도 불행하지 않을 때 기분이 좋은 법이다. 그리고 타인에게 도움 되는 일을 해 타인을 기쁘게 하거나 타인에게서 감사 받는 것은 극히 자연스럽고 매우 기분 좋은 일이다.

그러므로 모든 사람에게 도움이 되는 기쁨에 솔직해지자. "감사합니다."라는 인사를 받는 것이 기분 좋은 일이라는 것을 인정하자.

그것을 인정했을 때 당신의 마음속에는 적극적으로 뭔가를 하겠다는 의욕이 생긴다.

의욕이 있는 것은 행복한 일이다. 그런 의욕을 갖는 것이 행복해지기 위한 중요한 힘이다.

자신을 알고 난 뒤의 희망

그런데 여기까지 자신감을 갖자, 의욕을 갖자는 이야기를 했다. 행복해지기 위해서는 그것으로 충분할까.

자신의 값어치를 알고 그 결과 자신감을 갖자고 말한 이상 그 반대의 것도 말해야 한다. 자신이 할 수 있는 것을 알았다면 반대로 자신은 무엇을 하지 못할까에 대해서도 알아두어야 한다. 자신은 무엇을 할 수 있고 무엇을 할 수 없는 인간인가를 알아두는 것이 중요하기 때문이다.

마이너스 사고방식이라고 할까. 자신의 결점을 알고 반성하라는 의미로 받아들인다면 그것은 분명히 마이너스 사고방식이다.

그런데 그렇지 않다. 내가 말하고 싶은 것은 자기 자신을 알자는 것이다. 좋은 점도 있고 부족한 점도 있는 것이 인간이다. 따라서 부족한 점이 있다는 것을 부끄럽게 생각할 필요가 없다. 부끄럽게 생각하기 위해서가 아니라 자신을 알아두기 위해, 무엇이 있고 무엇이 없는가를 아는 것이다.

자신을 정확히 알고 있으면 그런 자신에게 어울리는 희망을 가질 수 있다. 희망을 올바르게 갖기 위해 자신을 아는 것이다.

그래서 다음과 같은 힘이 요구된다.

행복해지기 위한 힘 3:
자신을 올바르게 알고 희망을 갖는다

진실로 희망을 갖기 위해서는 자신을 알아야 한다. 희망이라는 것은 꿈이나 달콤한 바람과는 다르니까.

예를 들면 만화가가 되고 싶다, 성우가 되고 싶다, 축구선수가 되고 싶다는 등 행복한 꿈이 있을 것이다. 하지만 그런 단계에서는 대부분 자신에게 그 꿈을 실현할 수 있는 힘이 있는지 없는지 잘 모를 것이다. 실현할 수 있는 힘이 있는지 없는지 모르는 상태에서 뭔가 되고 싶다는 생각은 단순한 꿈이다. 그것은 희망이라고 말할 정도의 뚜렷한 목표는 아니다.

그러므로 초등학생이 자신을 올바르게 아는 힘을 갖기는 좀처럼 힘들 것이라고 생각한다. 중학생도 어려울지 모른다. 자신을 안다는 것은 간단한 것이 아니다.

그러므로 이 힘은 고등학생이나 대학생 수준에서 생각해 주기를 바란다.

여러분이 이미 고등학생, 대학생이라면 서서히 자신이 누구인지를 확인해 보아야 한다.

내 자신이 할 수 있는 것은 무엇일까. 어떤 것을 할 수 없는가.

내 자신이 해보고 싶다고 마음이 끌리는 것은 무엇일까. 성격에 맞지 않는다고 생각하는 것은 무엇인가. 고등학생, 대학생 시기는 그것을 발견할 때인 것이다.

자신을 확립하라는 식으로 어렵게 말할 수도 있다. 하지만 그것은 자신이 어떤 인간인가를 아는 것이다.

무엇을 하고 있을 때가 즐거운가, 남이 내게 무엇을 시키면 고통스러운가를 아는 것이다.

만화는 이와는 무관할 것이라고 생각할 필요도 없다.

만화를 읽는 것이 즐겁다고 해서 거기서부터는 전혀 앞으로 나아갈 수 없는 것일까. 만화에 대해 생각하고 여러 가지 논의를 하는 것이 즐겁다는 방향으로 전개되는 경우도 있지 않을까. 이상적인 만화를 고안하겠다는 방향으로 전개되는 일은 없을까.

그런 것을 확인해 가면 구체적인 희망이 나오게 된다. 예를 들면 만화가가 되겠다는 희망. 혹은 만화 평론가가 되겠다는 희망. 만화를 기획, 편집하는 편집자가 되겠다는 희망. 또는 만화의 원작을 쓰는 라이터가 되겠다는 희망. 그런 식의 희망이 나온다면 되는 것이다.

만화를 좋아한다는 약간 특이한 예를 들고 말았기 때문에 희망의 예도 특수하게 되어버렸다. 하지만 좀 더 넓은 시각에서 자신에게 맞는지 안 맞는지를 생각하면 되는 것이다. 몸을 움직이는 것을 좋아한다 또는 편지 쓰는 것을 좋아한다, 기계를 만지는 것을 좋아한다는 등 실로 여러 가지가 있을 것이다.

그런 식으로 자신을 알아 가면 자연히 자신에게 어울리는 희망이 떠오르게 된다.

희망을 가질 수 있게 되면 그것만으로도 한 걸음 더 행복에 다가간 것이다. 희망이 이루어지고 안 이루어지고는 별개 문제다. 인생에는 제2의 희망이나 제3의 희망을 가지고 참는 경우도 많기 때문이다.

설령 나중에 그 희망이 실현되지 않는 경우에도, 그 사람은 우선 희망을 가지고 살 수 있게 된 것이며, 그것만으로도 충실한 인생이었다고 말할 수 있다. 그러므로 희망을 갖자. 그러기 위해 자신을 알자.

희망과 달콤한 바람은 별개라는 사실을 머리로 정확히 이해하기 바란다.

사회를 알면 상상력이 는다

이제 행복해지는 힘 중 마지막 네 번째의 힘에 대해 설명하겠다.

그 힘은 자신이 어떤 세계에서 살고 있는가를 아는 것이다.

타인에게 도움을 주는 기쁨을 알고 의욕을 갖자는 말을 했을 때 인간은 사회를 구성하여 사는 동물이라는 이야기를 했다. 이 때문에 여기서는 그 사회를 알자고 말하는 것이다.

이 이야기도 초등·중학생에게는 약간 어려울지 모른다. 그러나 고등학생, 대학생이 되어도 이 힘을 갖지 못하면 약간 창피스러울 것이다.

정리해 보면 다음과 같다.

행복해지기 위한 힘 4:
사회를 알고 상상력을 연마한다

예를 들면 다음과 같은 인간에 대해 생각해보자.

이 사람은 멍하니 이런 식으로 느끼며 살고 있다.

나는 전 세계에서 일본이라는 나라의 한쪽 구석에서 고독하게 살고 있어서 타인과 그다지 관계를 갖지 않아도 살아갈 수 있다. 맛있는 것을 먹는다, 사랑을 한다, 게임을 한다, 음악을 듣는다는 것을 좋아해서 그것만 있으면 대체로 행복하다. 타인에 대해서는 별로 흥미가 없다.

이 사람은 얼마나 사회성이 희박한 사람인가 하는 생각이 들지 않는가. 이 사람은 거의 사방 1㎞의 조그만 세계에서 살고 있을 뿐이며, 그 이외의 곳에 대해서는 아무것도 상상할 수 없는 것이다.

일본이 어떤 나라일까에 대해 생각한 적이 없다. 일본의 역사에 대해서도 자신과는 관계없는 일로 생각하며 아무런 이미지도 가지고 있지 않다.

그런 사람이니까 세계에 대해서는 아무것도 아는 것이 없다. 미국이라는 나라가 있다는 것 정도는 알고 있지만, 이란이나 아프가니스탄은 동화의 나라라고 생각할 것이다. 에티오피아는 무슨 이야기인가 하고 생각할 정도이다.

세계의 역사에 대해서도 아는 것이 없다. 그러므로 요즘 지구온난화가 걱정된다는 말을 들어도 아무 관심이 없다. 어떤 나라와 어떤 나라가 전쟁을 하고 있다는 말을 들어도 이미지는 제로다. 수만 명이 포격이나 총격으로 죽었다는 말을 들어도 나는 죽

을 것 같지 않으니 괜찮다 하고 생각할 뿐이다.

고등학생, 대학생이 되어도 그렇다면 약간 창피스러운 일이라고 나는 생각한다. 왜냐 하면 사회가 있기에 우리들은 지금 이처럼 살아갈 수 있기 때문이다. 그런데 사회에 대해 전혀 생각한 적이 없다는 것은 뭔가 벌레 같다는 생각이 들지 않는가.

바다에 가라앉아 버릴 것 같은 나라가 있다. 모른다. 여성은 일을 해도 스포츠를 해도 안 되는 지역이 있다. 믿을 수 없다. 1년에 수백만 명이나 되는 아이가 굶주려 죽어가고 있다. 거짓말이다.

그만큼 아무것도 모르면 어떤 의미에서는 행복할지도 모른다고 말하고 싶다. 하지만 그것은 역설적인 익살맞은 표현일 뿐이다. 그처럼 사회와 관계없이 산다면 행복은 손에 들어오지 않을 것이다.

사회를 안다는 것은 그 같은 장소나 상황에서 사람은 그런 식으로 살고 있다는 것을 아는 것이며 상상력이 계발되는 것이다. 그리고 상상력이 있으면 인간은 곤경에 놓였을 때 그것을 타개할 지혜를 얻는다.

이것은 행복을 확실하게 하기 위해 매우 중요한 힘이라고 할 수 있지 않는가. 인간은 자신에 대해 잘 알고 또 타인에 대해서도 알고 있음으로써 행복해지는 힘을 익힐 수 있는 것이다.

내가 이 장에서 말한 것을 정리하면, 인간으로서 중요한 것은 행복해지는 힘을 가지는 것이다. 그 행복해지는 힘은 우선 다음 네 가지로 압축된다.

①자기 긍정심에서 가질 수 있는 자신감
②남의 도움이 되는 기쁨에서 나오는 의욕
③자신을 정확히 이해함으로써 가질 수 있는 희망
④사회를 이해하고 연마하는 상상력

어렸을 때, 그리고 젊었을 때는 이들 힘을 익히는 시기인 것이다. 그것을 당사자인 아이나 젊은이가 이해하면 좋겠다고 생각한다.

그리고 부모도 자식이 행복해지기를 바란다면 자녀가 이런 힘을 익히게 하기 바란다. 아무쪼록 부모가 자식을 잘못 리드하지 않기를 바라는 것이다.

제5장

사람은 자신감이 있을 때 따뜻해질 수 있다

제동장치 없는 집단 괴롭힘

나는 현대 사회와 특별한 관련을 맺고 있지는 않다. 매우 평범하게 텔레비전을 보고, 신문을 읽고, 주간지를 읽는 것 정도가 전부이다. 내가 작금의 일본 사회 현상을 잘 알고 연구하는 것은 아니라는 말이다.

그런 나도 일상생활 속에서 미디어를 통해 현대 사회를 어느 정도 읽는다. 그리고 현대 사회의 아이들이 처한 사정도 얼마간은 이해한다. 그런 정보를 접할 때 '아, 뭔가 문제가 있구나' 하고 느낀다.

아무래도 현대 사회의 아이들은 여유가 없어서 붙임성이 없는 것 같다.

예를 들면 집단 괴롭힘이 큰 사회문제가 되어 있다는 것이 귀에 들어온다. 그럴 때 나는 집단 괴롭힘 문제에 대해 여러분이 어떻게 대처해 나가면 될 것인가를 생각해 본다. "행복해지는 힘을 가지고 있으면 그것 때문에 그렇게 괴로워하지 않아도 될 것이다."라고 말하고 싶다.

괴롭힘은 요즘 나온 것이 아니라 옛날부터 있었다. 다시 말해서 인간에게는 누군가를 괴롭혀 그것으로 얼마간 즐거워하는 측면이 있다. 이 때문에 괴롭힘이 계속 되고 있는 것이다. 제2차 세계대전 때 도시에는 미국 공군의 폭탄 공격(공습)이 있을지 모른다고 해서 도시의 초등학생은 시골로 집단 피난을 해야 했다.

그때 피난 간 초등학생은 그 고장 아이들에게 괴롭힘을 당했다고 한다. 도시에서 말투가 이상한 놈이 왔기 때문에 시골 아이들이 그들을 몹시 괴롭혔다. 잘 모르는 이상한 놈이 왔다는 것은 사람들이 괴롭힌다는 것과 같은 의미라고 말할 수 있을 정도다.

다만 이것은 내 체험담이 아니라 책 같은 데서 읽은 것이니 착각하지 말기 바란다. 나는 전후에 태어났기 때문에 전쟁 중의 피

난은 체험하지 못했다.

인간은 동료가 아닌 자를 보면 괴롭히는 것 같다. 솔직히 말해서 나도 초등학교 1학년 때 괴롭힘을 당한 경험이 있다. 초등학교 4학년 때에는 내가 전학 온 학생을 괴롭힌 경험이 있다. 지금은 어느 쪽이나 불쾌한 추억이다.

그런 식으로 옛날이나 지금이나 괴롭힘은 있지만 요즘의 괴롭힘은 한 번 시작하면 철저히 막다른 데까지 몰고 간다는 점에서 제동장치를 상실했다는 느낌이 든다. 옛날에는 괴롭혀도 더 괴롭히면 상대가 이상해질 것이다, 더 이상 괴롭히면 상대가 상처 입을 것이라는 시점에서 그만두었다. 다시 말해서 괴롭히는 데에도 한도가 있다는 것을 괴롭히는 아이가 알고 있었다.

그런데 신문에 실리는 사건·사고가 된 케이스들을 보면 괴롭힘이 통제 불능의 상태에까지 와 있는 것 같다. 물론 그렇게까지 심하지 않고 신문에 날 정도가 되지 않는 괴롭힘도 많이 있을 것이다. 하지만 개중에는 통제 불능의 괴롭힘이 있으니 무서운 것이다.

왜 그렇게 되어버렸을까? 이유는 알 수 없지만 아이들이 초조해 하기 때문이라는 느낌이 든다. 왜 초조해 하는가 하면 자신을 자랑스럽게 생각할 수 없기 때문이다. 자기 긍정이 되어 있지 않기 때문이다.

부모로부터는 공부해라, 공부해라는 말만 듣고 있다. 하지만

아무리 생각해도 공부를 좋아할 수 없고, 조금 공부 했다고 성적
이 그렇게 좋아질 것 같지도 않다. 자신의 능력은 아무것도 아닌
것 같다는 느낌이 드는 것이다.

이 세상은 돈이 부족하지 않는 상층 사람과 평생 가난한 하층
사람으로 나누어진다고 하는데, 자신은 아무리 노력해도 상층에
들어갈 수 없다고 생각하는 아이들이 기분 좋게 살아갈 수 있을
까. 재미없는 세상이라는 느낌이 들어서 그만 초조해지고, 또 초
조 속에서 사는 것이 당연하지 않는가.

그런 초조함 속에서 통제 불능의 괴롭힘이 나오는 것이다.
재미없는 인생에 대한 보복처럼 철저히 괴롭혀주자고 하는 것
이다.

그렇지만 내가 말한 행복해지는 힘 중 '자신의 값어치를 알고
있어서 자신에게 자신감을 가질 수 있는 힘'을 손에 넣고 있다면
그런 식으로 초조해 하는 일은 없을 것이다. 그러므로 자연히 괴
롭힘에도 브레이크가 걸릴 것이다.

자신에게 자신감을 가질 수 있을 때 사람은 타인에게 따뜻해
진다. 초조해 하지 않기 때문에 뭔가에 대한 보복 같이 끝까지 괴
롭히는 일은 하지 않는다.

다시 말해서 역시 중요한 것은 자신을 사랑하는 것이다.

분위기를 읽지 못하는 두려움

최근 유행어로 KY*라는 것이 있다. 나는 매우 흥미 있는 말이라고 생각한다. KY는 분위기를 읽지 못한다는 의미다.

KY한 놈이구나, 다시 말해서 분위기를 읽지 못하는 놈이구나 하고 어이없다는 듯이 말하는 경우가 많아졌다.

왜 그런 표현이 지금 유행하는지 잠깐 생각해 보자.

분위기를 읽지 못하는 인간이 늘어났기 때문일까. 예를 들면 이 사람 저 사람 모두 자신밖에 생각하지 못하는 자기중심적인 인간이 되어서 모두 자신만을 생각하든가, 그 자리의 사정은 배려하지 않고 단지 자신이 하고 싶은 말만 하거나 자신이 하고 싶은 행동만 한다. 그런 곤란한 인간들이 많아졌기 때문에 그런 인간들을 가리켜 '분위기를 읽지 못하는군'(자기중심적 혹은 제멋대로라는 의미) 하고 비판하는 것일까.

*KY : 空気(くうき)が読(よ)めない(분위기를 파악하지 못한다는 뜻, 한국식 발음은 쿠-키가 요메나이)에서 나온 말. 쿠키의 K, 요메나이의 Y를 줄여서 KY라고 한다.

그 분석은 상당 부분 옳은 것 같지만 실은 옳지 않다고 나는 생각한다. 실제로는 그 반대의 일이 일어나고 있다고 생각한다.

다시 말해서 제지하지 못하는 괴롭힘이 발생하는 딱딱한 인간관계의 시대이기 때문에 그 속에서 평화롭게 살아가려면 분위기를 제대로 읽어야 한다. 모두가 바라는 것을 재빨리 읽고 그것에 맞춰 가야 자신이 안전하다는 의식이 대부분의 사람들에게 있다.

자기 긍정을 할 수 없어 초조해 하는 인간들이 만드는 사회에서는 집단 괴롭힘이 일어난다. 그런 사회의 다른 한편에서는 모두가 초조함의 한도를 넘지 않기 위해 다른 사람의 표정을 살펴보고 필사적으로 거기에 맞추어 사는 것이다. 그렇게 하지 않으면 동료들로부터 따돌림 받기 때문이다.

다시 말해서 표정을 살피는 인간관계다. 자신의 본심을 거침없이 말해버리는 배려 없는 짓을 하면 미움을 살 우려가 있다. 따라서 '나는 얼빠진 놈이다', '경박하고 살살이다'는 등의 캐릭터는 사람들이 미워할 수 없는 인간이며 남들로부터 사랑 받는다고 생각하는 것이다. 이에 따라 사람들과 있을 때에는 일부러 그런 식으로 행동하는 인간이 나오게 된다.

특히 성격이 여성스러운 아이들에게 흔히 있다. '나는 도대체가 분위기 파악을 잘 못하는 애'라는 인식을 심어줘 남으로부터 미움을 사지 않으려고 하는 것이다.

모두가 초조해 하는 사회에서는 그런 식으로 그 자리의 분위기를 파악해, 따돌림을 받지 않고 미움을 사지 않도록 해야 한다.

그리고 모두가 그런 식으로 마음 쓰며 사는 사회이기 때문에 분위기를 읽는 것이 더 없이 중요하다. 이 때문에 "저 놈은 분위기를 읽지 못하는군!"이라는 욕이 나오는 법이다.

분위기를 읽지 못하는 인간은 대단히 귀찮은 놈이라고 당신도 생각지 않는가.

만약 자신이 분위기를 읽지 못하는 인간이라는 말을 들으면 상당한 손실을 입게 된다. 내일부터 학교에 가서 어떤 태도로 있으면 좋을까 하고 고민할 정도의 것이라고 생각한다.

그만큼 모두가 초조함에 민감해져 있는 것이다.

모두에게 자기 긍정심이 있으면 그렇게 흠칫흠칫 하며 살 것은 없을 텐데 하고 나는 생각한다.

누구나 행복해지는 힘을 가지고 있다면 누구나 그렇게 잔혹하지 않다고 생각한다. 괴롭힘의 경우에도 터무니없이 괴롭히지는 않을 것이라고 생각한다. 모두의 얼굴 표정을 엿보며 분위기를 읽는 데 필사적이지 않아도 되지 않을까 하고 생각한다.

다시 한 번 말하지만 인간은 자신에게 자신감을 갖게 되면 남에게는 따뜻하고 친절해지는 법이다. 마음의 여유가 있기 때문에 남의 잘못에 대해서 그렇게 심술궂거나 심하게 화내지 않게 된다.

　나는 '모든 사람이 행복해졌으면 좋겠다고 생각한다'고 머리말에서 말했다. 내가 바라듯이 모든 사람이 행복하다면 사회에서 험악한 싸움은 없어질 것이다.

　그러나 좀처럼 그렇게 되지 않는다. 생각해보면 그런 사회는 유토피아 같은 것으로 이 세상 어디에도 없을지 모른다.

　그래서 모든 사람이 행복해지는 것은 무리라고 하더라도, 최소한 여러분 자신은 행복해지는 힘을 익혀 잘 살아가기를 바란다. 자신에게는 자신감을 가지며, 남에게는 따뜻한 마음씨를 가지고 잘 대해 주도록 하자.

 사람은 자신감이 있을 때 따뜻해질 수 있다

내가 집단 괴롭힘을 당했다면

나는 모든 사람이 행복하고 자기 긍정심을 가지고 있다면 집단 괴롭힘도 그렇게 터무니없이 과격해지지는 않을 것이라고 말했다. 그 사고방식에 기본적인 잘못은 없다고 나는 생각한다.

그런데 집단 괴롭힘에 대해서 그렇게 말하는 것만으로는 불성실할 것이다. 현재 집단 괴롭힘은 심각한 사회 문제이며 그로 인해 괴로워하는 사람도 분명히 있기 때문이다.

현재의 집단 괴롭힘 문제는 대단히 심각하고 무서운 것이다. "모든 사람이 자기 긍정을 하고 있으면 집단 괴롭힘도 없어질 텐데…."라고 말하는 것만으로는 책임 있는 결론이라고는 할 수 없다. 나는 내 자신에게 자신감을 가지고 있기 때문에 괴롭힘을 당해도 아무렇지 않다는 수준의 문제가 아니기 때문이다.

여러분이 집단 괴롭힘 당할 처지가 되면 어떻게 하는 것이 좋겠는가를 생각해 보자.

우선 어떻게든 집단 괴롭힘으로부터 피하도록 노력하자. 가해 그룹에 접근하지 않는 것도 하나의 방법이다. 부득이 접근해야 할 때에는 될 수 있는 한 생글생글 웃으며 상대의 마음을 거슬리는 말을 하지 않도록 한다. 상대의 말에 맞장구를 치거나 그렇겠지 하고 긍정해 주자. 요컨대 보통 이상으로 분위기를 잘 읽는 것이다.

그런 것을 고통이라고 말하는가. 하지만 그것이 고통이라면 이 세상에서 살아갈 수 없다. 어른도 모두 그런 식으로 살고 있다.

그래도 집단 괴롭힘이 시작되면 어떻게 하면 좋을까.

그 경우에는 어떻게든 몸을 피한다. 어떻게든 노력해서 괴롭힘을 그치게 한다.

강하게 저항하는 것이 좋은 경우도 있다. "그만두라면 그만둬!" 하고 본심을 드러내며 저항하면 그들은 '이놈한테는 그만둘까' 하고 생각할지도 모른다.

하지만 그래도 잘 안 되는 경우도 있다. 괴롭힘이 점점 심해지는 경우다.

거기까지 오면 도움을 요청하는 것을 생각하자. 이제 여러분 힘만으로는 어찌할 수 없게 되었기 때문에 도움을 청하는 것이다.

집단 괴롭힘에 얽힌 정신 구조는 대단히 미묘하다. 대부분의 경우 괴롭힘을 당하는 측이 그것을 자신의 수치라고 느끼고 만다. 이 때문에 피해자는 그것을 누구에게도 말할 수 없는 것이라고 생각하며, 만약 그 사실을 발설한다면 진 것처럼 느끼게 된다.

따라서 부모가 "너 집단 괴롭힘 당하고 있는 것 아니니?" 하고
물어도 "그런 일 없어." 하고 대답해 버린다. 남에게 말하면 겁쟁
이가 된다고 느끼는 것이다.

그러나 그것은 그렇지 않다. 요즘 집단 괴롭힘은 발설하면 친
구와 사이좋게 지낼 수 없다는 식의 한가한 것과는 성격이 전혀
다르다. 갑자기 강도가 나이프를 들이대는 것과 별로 다를 것 없
을 정도로 심각한 폭력 후유증을 겪게 되기 때문이다.

선생님에게 말하자. 어떻게 해 달라고 말하자.

부모님에게도 말하자. 어떻게 해 달라고 말하자.

경우에 따라서는 경찰에게 말하자. 예를 들면 나는 돈을 빼앗
긴 사람이 왜 경찰에게 말하지 않는지 이해가 안 된다. 집단 괴롭
힘은 그와 다를 바 없을 정도로 심각한 일인 것이다.

무슨 방법이든 생각해서 매스컴의 힘을 빌리는 것도 좋다. 아
무튼 떠들어대서 사람의 눈을 끄는 것이다. 누군가가 도와줄지
도 모르지 않는가.

그렇게까지 노력했는데도 도움을 받지 못하는 경우도 있다.
아무리 호소해도 도와주는 사람이 없는 것이다. 부모님도 선생
님도 경찰도 매스컴도 아무런 도움을 주지 않는다. 그런 일이 드
물겠지만 경우에 따라서는 있을 수도 있다.

그 때에는 도망치자. 아무리 생각해도 도망치는 수밖에 없다.
도망치지 않으면 여러분 자신이 위험하다.

학교에 가지 않아도 괜찮다. 학교에 가지 않는 것도 괴로운 일이지만 그런 것을 말하고 있을 한가한 때가 아니다. 다른 학교로 전학 가는 것도 좋다. 이사하는 것이 무리라면 친척에게 의지하자.

외국으로 도망쳐도 좋다. 유학 가는 것이다.

아무튼 어떻게 해서라도 도망치는 것이다. 그렇게 해서 자신을 지켜야 한다.

자신을 지키는 것은 매우 중요한 일이기 때문이다. 생각해 보면 그것도 인간이 행복해지는 힘 중에서 중요한 한 항목이었다.

그렇다, 자신을 지키는 힘을 갖자. 그러기 위해 필요한 것은 용기와 결단력과 행동력이다.

이대로 나간다면 곤란한 상황이 되고 만다는 판단이 서면, 재빨리 움직여 무서운 일을 피해야 한다. 그런 인간이 될 수 있도록 노력하자.

당신이 만약 행복해지는 힘을 익히려고 노력하는 인간이라면 틀림없이 자신의 몸을 잘 지킬 수 있을 것이라고 나는 굳게 믿는다.

세상은
적이 아니다

세상은 괴로운 곳인가

　　지금까지 여러 번 말했듯이 여러분은 사회의 일원으로 이 세상에 살고 있다. 그리고 세상이라는 것은 종종 여러분 뜻대로 되지 않을 때도 많다. 심지어 여러분을 살기 어렵게 하는 경우도 있다.

　　세상은 플러스와 마이너스의 양면을 가지고 있다. 인간은 사회를 구성하고 있다. 따라서 혼자서 이것저것 다 해야 할 때와 비교하면 개인은 은혜를 입고 있는 것이다. 또 혼자일 때보다 훨씬 더 효율적으로 잘 살아가고 있다. 이런 측면이 있다는 것은 분명한 진실이다.

　　그러나 동시에 사회 속의 개인은 자기중심적으로만 살도록 허용되지 않는다. 개인은 다수에 맞추어 살아야 한다. 자신의 생각대로만 살 수 없는 제약을 받고 있다. 6세가 되면 싫어도 초등학교에 다녀야 하는 것도 사회의 규칙이다. 돈을 지불하지 않고 물건을 가져오면 안 된다느니, 새치기해서는 안 된다느니 하는 등 이 세상은 규칙 투성이이다. 사회 속에서 산다는 것은 그런 규칙에 따라야 한다는 것이다.

분명한 것은 세상은 여러분만을 위해 있는 것이 아니라는 것이다. 세상은 모든 사람을 위해 있는 것이며 경우에 따라서는 여러분이 제멋대로 사는 것을 방해한다.

더 나아가 세상에 살아 있는 것이 괴로운 경우도 있다. 나는 세상과 맞지 않다, 나는 아무도 없는 세계에 살고 싶다는 등의 생각을 하는 경우도 인간에게는 있다.

내게는 더 없이 살아가기 어려운 곳이 이 세상이라는 기분이 들어 세상에서 도망치고 싶어지는 것이다.

그런 식으로 세상이 자신을 적대시한다고 생각하는 사람은 거기서 도망친다. 다시 말해서 세상에 참여하지 않고 살려고 한다.

그런 인간이 요즘 늘어나고 있는 것이 아닐까.

예를 들면 그 하나가 앞 장에서 잠깐 언급한 등교하지 않는 아동·학생이다. 그 아이는 아무리 해도 학교에 갈 수 없다.

그것은 학교가 싫어서 가고 싶지 않다는 단순한 상황이 아니다. 오히려 본인은 학교에 가고 싶다. 마음으로는 학교에 가야 한다고 깊이 생각한다.

하지만 막상 학교에 가려고 하면 구토증이 생기거나, 기분이 나빠지거나, 가슴이 두근거리거나, 식은땀이 나거나 하여 갈 수 없는 것이다.

이런 이유로 등교하지 않아도 정작 본인은 '나는 학교에 가지 않았기 때문에 틀렸다'는 느낌이 들어 너무나 괴로운 것 같다. 그러나 알고 보면 그도 피해자인 것이다.

그리고 히키코모리(은둔형 외톨이)의 상황이 되어버리는 사람도 있다. 학교에 가지 않을 뿐 아니라 자신의 방에서 밖으로 나올 수 없게 되어버린다. 방안에는 아무도 들어갈 수 없다. 물론 가족도 들이지 않는다.

여기까지 오면 이미 병과 같은 것이다. 자기 방에 틀어박혀서 건강한 생활을 할 수 없는 지경이다. 방안은 쓰레기투성이이다. 그리고 낮에는 잠자고 밤에는 일어나 있는 엉망진창의 생활

이 된다.

그것이 '어떻게든 손을 써야 한다'고 생각될 만큼 심각한 상황이라는 것은 관련 서적을 사서 읽어보면 알 수 있다. 고등학생 때 히키코모리가 되어 25세가 되어도 아직 방에서 나오지 않는 사람도 있다.

그런데 초등학생을 위해서는 조금 더 설명해 둘 필요가 있을 것 같다. 그런 식으로 방에 틀어박힌 채 어떻게 살아갈 수 있겠는가 하는 생각을 할 테니까.

물론 그 사람의 가족(보통은 어머니일 것이다)이 식사는 방 앞까지 가져다 준다. 그리고 히키코모리라고 하지만 화장실에는 가겠지. 목욕도 하지 않을까. 그런 때만은 아주 잠깐 방에서 나오지만 생활의 대부분은 자신의 방안에서 하며 아무하고도 관계하지 않는 것이다.

그런 사람은 세상과 관계하고 싶지 않을 것이다. 관계할 수 없는 것이다. 세상은 자신에게 상처를 입히는 적이라는 느낌이 드는 모양이다.

어쨌든 세상에 나와 사는 것이 괴로워서 세상살이를 할 수 없다는 사람이 많아지고 있다.

그것은 바꿔 말해서 그런 사람에게는 세상에, 세상일에 참여할 힘이 없는 것이다. 어떤 이유에서든 세상이 무서운 병에 걸린 것 같은 상황이 되고 있다.

너는 세상을 구성하는 일원

학교를 졸업하고 사회에 나가 일하는 것이 정상인 시기가 있다. 그런데 그 시기에 사회에 나갈 수 없다는 사람도 요즘 많아지고 있다고 한다. 그런 사람을 '니트(NEET)*'라고 부른다.

니트는 학교를 졸업했으나 직업이 없고 공부나 직업 훈련을 받고 있는 것도 아닌 사람을 가리키는 말이다.

학교는 나왔지만 직업을 구하지 못해 건들건들 하는 사람이라는 뜻이다. 50년 정도 전이었다면 이런 사람들을 게으름뱅이에다 말썽꾸러기라는 식으로 말했을 것이다. 옛날에도 그런 사람이 조금은 있었던 것이다.

하지만 현대의 니트를 게으름뱅이라고 생각하는 것은 약간 잘못된 것 같다. 니트는 일하기 위해 사회에 나와 세상과 관계를 맺는 것을 아무리 해도 할 수 없는 사람인 것 같다. 세상에 나와

---

*NEET : Not in Employment, Education or Training = 직업이 없는 젊은이

하고 싶은 일도 발견하지 못한다. 사회에 나가려는 의욕을 가질 수도 없는 것이다. 따라서 어찌할 도리가 없다.

그러나 현대 일본에서는 그들이 부모의 힘으로 어떻게든 먹고 살아갈 수 있기 때문에 생존할 수 있는 것이다. 그런 니트가 62만 명(2006년 노동백서)이나 된다고 한다.

이것은 대단히 심각한 문제라고 지적하는 사람도 있다.

다만 나는 여기서 니트에 대해서는 다른 분석도 있다는 이야기를 덧붙여 두고자 한다.

니트를 젊은이의 노동 의욕에 관한 문제인 것처럼 생각하는 것은 잘못이라는 분석도 있다. 그 문제의 이면에는 오늘의 기업이 수익만을 생각하고 노동자에게 이익을 돌리는 것을 몹시 꺼리기 때문이라는 지적이다. 다시 말해서 기업이 이윤만 추구하고 임금은 잇따라 줄이는 경향이 있다는 것이다.

이 때문에 상당한 규모의 대기업도 정규직 사원의 수는 의외로 적다고 한다. 정규직 사원에게는 높은 급여를 지불해야 하기 때문이다.

그리고 부족한 노동력을 임시직 근로자나 아르바이트, 파견 사원으로 보충하여 임금을 점점 더 싸게 지급하는 방식이 도입되고 있다. 그 결과 워킹푸어(working poor) 즉, 일은 하고 있지만 가난한 사람들이 일본에서 급증하고 있다는 것이다.

그런 사회 상황 속에서는 직업이 없는 사람이 반드시 나오게 된다. 회사가 고용 안정을 보장하지 않고, 그것이 젊은 사람에게 악영향이 미쳐, 일하지 않는 사람이 점점 늘어나는 것이라는 분석이다. 나는 분명히 그것도 있다고 생각한다.

이런 이야기는 초등학생이나 중학생은 제대로 이해하지 못할 것이다. 그러나 이 이야기를 한 이상 어쩔 수 없는 일이다. 고등학생, 대학생은 이해하기를 바라고 나는 이것을 쓰고 있다.

아무튼 내가 이 장에서 문제 삼고 싶은 것은 세상에 나갈 수 없는 젊은이의 존재다. 그런 사람들에게 말하고 싶은 것이다.

분명히 세상은 여러분을 위해 있는 것이 아니다. 여러분 마음 내키지 않는 것을 하게 하는 경우도 있을 것이다. 그런 까닭에 여러분은 세상이 무서워져 버린 것이다.

그러나 냉정히 생각해야 한다. 세상은 여러분의 적이 아니다. 왜 일부러 여러분을 적으로 만들기 위해 세상 같은 것을 준비하겠는가.

여러분과 세상은 대립하여 존재하는 것이 아니다. 여러분은 세상의 구성 요원이다. 그런 것은 생각할 필요도 없이 당연하지 않는가. 여러분도 세상의 일부인 것이다.

그리고 세상이란 한편으로는 구성 요원인 사람들의 행복을 위해 기능하고 있다. 인간의 쾌적한 생활을 위해 세상이 만들어져 있다는 것은 의심할 여지가 없는 사실이다.

따라서 여러분은 이 세상에 참가하여 여기서 행복해질 권리를 가지고 있는 것이다.

세상은 가끔 어리석은 경우도 있다. 그것은 세상을 구성하는 우리들이 미숙한 탓이다. '괴로운 덧없는 세상'이라는 표현이 옛날부터 있었듯이 '이 세상은 편한 곳이 아니다'는 인식도 옛날부터 있었다.

그러나 역시 세상은 개개인의 적이 아니다. 우리들이 조금이라도 행복해지기 위해 세상이 있다고 하는 것이 맞다. 약간의 불편함은 분명히 있기 하지만.

따라서 두려워 할 것 없이 세상에 참가해 거기서 행복을 잡도록 돌아다녀 보자.

우선 아무 생각 없이 공포심을 버려보는 것이다. 그것만으로도 세상은 상당히 좋은 쪽으로 굴러가기 시작할 것이기 때문이다.

사회와 관계를 맺고 살아갈 수밖에 없다

　이 책의 제4장에서 내가 나열한 '행복해지는 힘'을 다시 생각해 보기 바란다. 그리고 제5장에서 그것이 하나 추가되었기 때문에 전부 5개가 되었다.

　다시 한 번 나열해 보자. 여러분이 행복해지기 위해 가지고 싶은 5개의 힘이다.

①자기 긍정심에서 가질 수 있는 자신감
②남을 돕는 기쁨에서 나오는 의욕
③자신을 정확히 이해함으로써 가질 수 있는 희망
④사회를 이해하고 연마하는 상상력
⑤곤경에서 자신을 지키기 위한 회피력

　이런 힘들을 익히고 있으면 우선 틀림없이 여러분은 행복해질 것이다. 이 전부를 갖는 것은 상당히 어려울지 모르지만 이 중 하나나 둘이라도 가지고 있으면 그것만으로도 인생은 상당히 살기 쉬워진다.

'내가 이런 힘들을 가질 수 있을까' 하는 생각에 불안해지는가. 하지만 잘 생각해 보면 이런 힘들은 그렇게 특별한 것이 아니다. 어지간한 천재가 아니면 손에 들어오지 않는 능력 같은 것이 아니다.

전부를 다 갖는 것은 어려울지 모른다고 말했지만, 그것은 사람에게는 개성이라는 것이 있어서 나는 이것만은 자신이 없다는 것이 있기 때문에 한 말일 뿐이다. 이 정도의 힘이라면 매우 평범한 사람도 노력하면 정확히 손에 넣을 수 있다. 자신의 좋은 점을 발견하자는 것이 그렇게 어려울 리 없을 테니까.

그런데 살아가는 동안 그만 착각하거나 주위 잡음에 생각이 헷갈려서 쓸데없는 것을 쫓는 일이 종종 있다.

공부를 잘 하지 못하면 행복해질 수 없다느니 하는 말이다. 유명인이 될 수 없다면 살아 있어야 소용없다느니, 이긴 팀이 된다면 내 인생은 모두 잘 나갈 텐데 하는 것 등이다.

세상에는 그런 쓸데없는 잡음이 있기 때문에 대부분의 사람이 헷갈려 버린다.

이런 사정을 감안해서 생각이 헷갈리는 것을 방지하기 위해 내가 어리석은 사고방식의 싹을 싹둑 잘라버렸다. 그리고 알기 쉽게 익히기 쉬운 중요한 힘들에 대해 설명하였다. 따라서 그것을 가지면 되는 것이다.

그것은 틀림없이 가질 수 있다.

그리고 여러분이 이런 힘들을 정확히 가지고 있으면 세상에 나가 쩔쩔매는 일은 결코 없을 것이다. 이제 여러분에게 세상은 적이 아니기 때문이다.

행복해진다는 것은 실은 사회와의 관계를 잘 맺는 것이다.

사회 요컨대 세상이라고 해도 마찬가지지만, 그 속에서 살아가는 개인인 여러분이 살아가기가 어렵지 않다는 것이 행복이다.

그러므로 행복해지는 힘을 가지고 있으면 세상은 조금도 두렵지 않은 곳이다.

그래서 이 장의 타이틀 '세상은 적이 아니다'는 것은 여기서 정확히 증명되었다.

다만 한 가지 덧붙여 말해두어야 할 것이 있다.

나는 이 장에서 세상을 두려워하여 세상에 잘 참가하지 못하는 사람이 있다는 이야기를 했다. 그런 예로 등교거부, 히키코모리, 니트 등을 설명했다.

그리고 내 의견을 전개해 여러분에게 세상은 적이 아니라고 결론 내린 것이다.

그런데 이 결론만으로는 지금 실제로 세상에 참가하지 못한 채 괴로워하는 사람들을 구출할 수는 없다. 그런 사람은 약간 병적으로 궁지에 몰려 있어서 이렇게도 저렇게도 하지 못하는 매우 곤란한 처지에 놓여 있기 때문이다.

내가 이 책에서 쓴 대로 생각해 보라는 것은 그런 사람들을 구하는 어드바이스는 아니다.

내가 그런 사람들에게 할 수 있는 어드바이스는 등교거부나 히키코모리로 인해 괴로워하는 사람을 위한 별도의 카운슬링이 있으니까 그것을 받는 것이 좋다는 것이다.

그런 사람들과 이렇게 멀리 떨어져 있는 나로서는 그 정도밖에 말할 수가 없다. 별로 힘이 되지 못해 미안하다고 생각하지만 어찌할 도리가 없다.

제7장

부모를 버리기 위해 성장한다

# 부모를 버리지 않으면 안 된다

드디어 마지막 장이다. 정신을 바짝 차려 나가자.

앞 장에서는 '개인은 사회와 어떻게 관계를 맺어 가면 될 것인가'라는 약간 복잡한 테마에 대해서 생각했기 때문에 그만 초등학교 6학년생이나 중학생에게 말하는 말투가 아닌 고등학생, 대학생에게 말한 것 같은 느낌이 되어버렸다. 초등·중학생에게는 알기 어려웠을지 모르겠다. 미안하게 생각한다.

그런 이야기를 아무렇지 않게 들어 둔다는 것은 결코 헛된 일이 아니다.

하지만 이 장에서 다시 6학년생과 중학생이 이해할 수 있도록 설명하고자 한다.

다만 머리말에서 말하였듯이 이 책은 우선 초등·중학생을 대상으로 하지만 고등학생, 대학생이 읽는 경우도 충분히 감안하고 있다. 나는 이 모든 경우를 고려해 말하는 것이다.

그리고 나는 그들의 부모들도 알아 두어야 할 것들이라는 생각에서 말하고 있다. 특히 이 장은 부모들이 반드시 이해하기를 바라는 마음이 간절하다.

나는 이 앞 장인 제6장까지 행복해지기 위해 가지고 싶은 힘에 대해 대체로 설명을 마쳤다. 여러분에게는 내가 설명한 힘들을 부디 손에 넣어 주기를 바란다. 틀림없이 손에 들어온다는 밝은 전망을 가지기를 바란다.

그래서 이 마지막 장에서는 지금까지와는 약간 각도가 다른 것을 말하기로 한다. 이것은 듣는 사람은 약간 두려움과 놀라움을 느낄지도 모른다. 하지만 이것은 내가 대단히 중요하다고 생각하는 것이기 때문에 오해를 두려워하지 않고 말하겠다.

여러분은 지금 나날이 성장하고 있다. 아직 어리다거나 아직 젊다는 것은 부쩍부쩍 성장해 가는 도중에 있다는 것으로 생각하면 즐거운 일이다. 다소의 개인 차이는 있다 해도 나이를 먹을 때마다 점점 퇴화하는 것이 아니라 모두 확실히 성장한다. 5학년생보다 6학년생 쪽이, 그리고 그것보다는 중학교 1학년생 쪽이 더 자신의 모습에 가깝다는 식으로, 사람은 점점 성장하여 완성을 향해 나아간다.

그리고 성장하는 목적은 사회 속에서 행복해지는 힘을 익히는 것이다. 그것은 이미 이 책에서 충분히 말했다.

그런데 성장에는 그것과는 별개로 목표가 있다. 사람이 성장할 때의 목표는 부모 슬하를 떠나도 살아갈 수 있는 사람이 된다는 것이다.

그것은 납득하기 쉬울 것이다. 아이는 성장하여 어른이 된다. 부모는 아이를 어른으로 자라게 하려고 양육하는 것이다.

그 때문에 아이에게는 부모가 있어야 한다. 분명히 경우에 따라서는 부모가 없는 아이도 있을 수 있지만, 그 때에는 가까이 있는 다른 어른이 부모를 대신해 양육해 줄 것이다.

어쨌든 부모는 아이가 어엿한 어른으로 자라기를 바란다.

그런데 아이가 어엿한 어른으로 성장할 수 있었다고 하자. 그러면 이제 그 사람에게는 길러준다는 의미에서의 부모는 필요 없게 된다.

그것을 일부러 약간 쇼킹하게 말하면, 아이는 언젠가는 부모를 버린다는 것을 목표로 성장해 나가야 한다는 것이다.

약간 가슴이 덜컥하는 얘기는 아닐까.

'부모를 버리다니, 왜 그렇게 냉담한 말을 하는 거냐'고 생각할지도 모르겠다. 부모는 고마운 사람, 없으면 안 되는 소중한 사람, 부모에게서 사랑 받고 있다고 생각하면 다른 어떤 것과도 비교할 수 없을 정도로 따뜻한 느낌이 들고 용기가 나는 둘도 없이 소중한 사람, 그런 소중한 부모를 왜 버린단 말인가 하고 생각할지도 모르겠다.

하지만 여기서 내가 말하는 것은 마음가짐이다.

실제로 부모란 인연을 끊고 그 뒤로는 얼굴도 보지 않고 살 수 있는 존재가 아니다. 부모에게 무정하게 하라고 말하는 것도 아니다. 감사 따윈 잊어버리라고 말할 생각은 전혀 없다. 오히려 크게 감사하라고 말하고 싶다.

그런 것이 아니라 자식은 부모를 능가하는 데까지 성장함으로써 부모의 기대에 보답하는 것이며, 그것이 부모에 대한 효도라는 것이다.

자식 입장에서 부모는 마땅히 의지해야 할 사람이다. 그 사람들에게 의지함으로써 겨우 살아온 것이다. 하지만 언젠가는 어른으로 성장해, 의지하기 위한 존재인 부모는 버려야 한다.

부모는 그렇게 되기를 바라면서 자식을 길러 온 것이다.

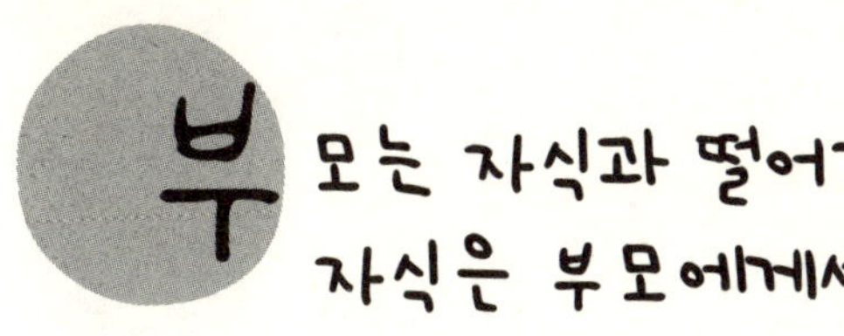

부모는 자식과 떨어지고, 자식은 부모에게서 독립한다

다시 말해서 언젠가는 부모를 능가하라는 것이다. 부모의 힘을 빌리지 않아도 살아갈 수 있는 인간이 되라는 것. 이제 힘은 빌리지 않는다는 것이야말로 부모를 버린다는 것이다.

그렇게 되면 부모와는 오히려 좋은 관계가 시작된다. 어엿한 어른이 된 여러분은 그렇게까지 길러준 부모에 대해 참으로 고마운 사람이라는 생각을 가질 것이기 때문이다.

따라서 그때부터는 부모를 따뜻하게 대할 수 있을 것이다. 그때까지는 의지하는 대상이었던 사람에 대해 위로의 마음을 가질 수 있는 것이다. 감사하는 마음을 전하고 싶어 선물 같은 것을 하고 싶을 정도다.

어엿하게 성장하면 그런 식으로 될 것이다. 만약 그렇게 되지 않고 30세가 되고 40세가 되어도 부모가 이끌어주고 부모가 중대한 것을 결정해주지 않으면 살아갈 수 없다면 그것은 불효다.

바꿔 말해서 자식은 최종적으로는 부모에게 의지하지 않고 자립하며, 부모는 자식으로부터 정신적으로 떨어지는 것이 바람직하다. 물론 그 이후로도 부모와 자식 사이의 애정 관계는 여러 가지 형태로 계속되겠지만, 마음속으로 한 번 끊어지는 시기가 있는 것이다.

생각해 보면 대단히 많은 동물들이 다 자란 새끼와는 인연을 싹둑 끊는다. 그에 비하면 인간은 드문 예라고 말할 수 있을지도 모를 정도다.

여우도 길러낸 새끼와 절연한다. 새끼를 지극정성으로 소중히 기르지만 다 자랐을 때에는 이미 새끼와 함께 살지 않는다. 이제 혼자서 살아갈 수 있을 정도까지 자랐기 때문에 어미에게 의지하지 말고 자립하라는 것이다. 그렇게 하여 어미와 헤어진 시점부터 새끼 여우는 어른 여우가 되어 자신의 생활방식대로 살아가는 것이다.

어미 곰도 최선을 다해 열중해서 새끼 곰을 기른다. 하지만 이제 자식이 혼자서도 살아갈 수 있다고 생각하면 새끼를 버린다.

새도 그렇다. 그렇게도 필사적으로 먹이를 날라다 기르던(새의 경우는 부모가 협력해서 자식을 양육하는 점이 인간과 약간 비슷하다) 새끼 새가 완전한 날개를 가지고 날 수 있게 되면, 새끼 새가 둥지를 떠난 순간부터 둘의 관계는 없어진다.

이에 비하면 인간의 경우 자식은 부모에게 의지하지 않고 자립하며, 부모는 자식으로부터 정신적으로 떨어졌다고는 하지만, 그 후에도 여러 가지로 서로 애정이 오가니 그렇게 외롭지는 않은 편이다.

부모를 능가하는 것, 표현을 달리 하면 의지하는 상대로서의 부모를 싹둑 잘라버리는 것이 너무 슬퍼서 아무래도 받아들일 수 없다는 자식을 위해, 그렇게 하지 않으면 어떤 상태가 될까에 대해 이야기해 보겠다.

예를 들면 30세가 되어도 부모 슬하를 떠나지 않는다, 부모 돈으로 먹고 산다, 놀이 도구까지 부모에게 사달라고 한다, 나이 들어도 집에서 나갈 기색이 없게 된다.

그리고 결혼도 하지 않는다. 그처럼 어른의 책임을 지는 일은 할 수 없다. 하물며 내가 자식을 낳고 부모가 된다는 것은 전혀

할 수 없다. 언제까지나 어린아이 그대로 있고 싶을 뿐이다.

부모가 좋다고 말하는 것을 좋다고 생각하고, 부모가 안 된다고 말하는 것은 나쁜 일이라고 생각할 뿐이다.

극단적인 예로 좋은 대학을 나와 판사로 근무하는, 사회적인 명예가 있는 사람이 있다고 하자. 그런데 실은 어엿한 어른이 되지 못한 채 부모를 능가하지 못하는 경우를 생각해 보자. 만약 그렇다면 마치 만화와 같아진다.

지금 담당하고 있는 재판에서 피고인을 유죄로 판결해야 하는지 무죄로 판결을 내려야 하는지 그 사람은 잘 모를 것이라고 생각한다. 법률을 잘 알기 때문에 알 듯도 한데 어엿한 어른이 아니기 때문에 판단이 서지 않는 것이다. 그래서 어머니에게 의견을 묻곤 한다.

"어머니, 이런 피고인이 있는데 유죄인가요?"

"그 사람은 관상이 나쁘기 때문에 틀림없이 유죄다."

"그런가요, 그러면 그렇게 하지요."

그것은 조크의 세계다. 만약 판사의 어머니가 "저런 범인은 사형시켜버리라."라고 말하는 데 대해 판사가 "아니, 어머니, 그렇게 단순한 문제가 아니에요."라고 말한다면, 이미 그 판사는 어엿한 어른이 되어 부모를 능가하는 인간이 돼 있다는 뜻이다.

여러분은 이런 어른이 되어야 한다. 다시 말하자면 부모란 한 번은 잘라버리게 된다는 것이다.

자식은 부모와는 다른 인격으로 성장한다

이것은 이 세상의 부모들에게도 꼭 하고 싶은 말이다. 이 때문에 여기서는 부모들에게 직접 말하고자 한다. 한 권의 책 속에서 여러 독자층에게 말하는 이상한 책이 되어버린 셈이다.

자녀양육은 언젠가는 자식과 정신적으로 떨어질 것을 목표로 해야 한다. 자식이 부모에게 의지하지 않고 자립해 주는 것, 그것이 부모가 자식에게 바라는 것이어야 한다.

자식이 영원히 부모의 비호 하에 천진난만하게 있기를 바라는 것은 잘못된 것이다. 그것도 부모로서 하나의 행복일지 모른다는 느낌이 드는 것도 사실이지만, 그런 상황은 결코 진정한 행복이 아니다.

자식이 점점 건방진 소리를 하는구나 하고 생각하는 사이에 어느덧 자식은 "혼자서 생활해 볼 거야."라고 말한다. 결국에는 "어머니, 그렇지 않아요." "아버지, 그건 그렇지 않아요."라고 말하게 되는 것이다. 그것으로서 족한 것이다.

그리고 결혼한다, 내게도 가족이라는 것이 생겼다 하고 부모

슬하를 떠난다. 그것이 자녀양육의 목표가 아니겠는가.

자식을 자신과 같은 인간으로 기르고 싶다고 바라는 것도 안 된다. 자신의 인생을 약간 수정해서 내 인생의 수정판으로 살게 하고 싶다고 생각하는 것도 안 된다.

의외로 그런 부모들이 많다. 아버지가 나온 대학 정도는 입학해 달라고 말하는 부모는 터무니없는 착각을 하고 있는 것이다.

그리고 어머니는 딸과 계속 친구로 함께 노는 사이였으면 좋겠다고 바라지 말자. 아무리 생각해도 엄마보다 남자친구와 노는 딸이 훨씬 더 건전하지 않는가.

자식으로부터 정신적으로 떨어지지 못하는 부모가 늘어나고 있다는 느낌이 든다. 자식이 30세가 넘어도 독신으로 있는 것을 오히려 기뻐하는 부모도 있다. 저 아이는 언제까지나 내 자식 그대로 있으니까 기쁘다고 말한다.

그것은 자식의 성장을 바라지 않는 것이다. 자식으로서는 불행한 일이 아닐 수 없다. 자식은 영원한 피터팬이 될 수 없다. 자식을 영원히 유치한 수준에 머물게 할 수는 없는 것이다. 그런 것을 바라는 것도 안 된다.

자식은 어른으로 기르지 않으면 곤란하다. 그리고 부모와는 다른 인간이 되는 것이다.

자식이 자신과 닮음꼴의 인격이기를 바라는 부모가 흔히 있는데 그렇게는 안 된다. 피를 나누었다고는 하지만 자식은 부모와는 다른 사람이다. 다른 사람으로 기르지 않으면 큰일이다.

자식이 자라는 것을 보고 있으면 낙심할 때도 많다. 하지만 그런 일은 당연한 것이다. 자식이라는 것은 실제로는 그렇게 대수로운 것이 아니다. 자식이 부모가 기대하는 이상적인 천재인 경우는 대단히 드물다.

아무것도 아닌, 그렇고 그런 자식이지만 부모로서는 결국 사랑하지 않고서는 배길 수 없는 것이 인생의 이치가 아닌가. 실망시키는 경우가 많았던 자식이 부모를 기쁘게 해 준 일이 얼마나 많았는가를 잊지 말기 바란다.

그리고 자식은 결국 부모를 능가하여 부모와는 다른 사람으로 성장하여 떨어져 나간다.

약간 쓸쓸한 느낌이 들겠지만 아무리 생각해도 그것은 행복한 일이다.

'재미있고 결국 슬픈 자녀양육인가'라는 구절이 진실을 표현하고 있다는 느낌이 든다. 아니, 약간 다른 것 같다. 역시 그것은 슬픔이 아니다.

훌륭하게 성장해 준 것을 슬픔이라고 하는 것은 이상하기 때문이다. 성장하였기 때문에 떨어져 가는 것이다. 그것은 결국 도달점까지 왔다는 뜻이다.

여러분의 자식이 평생 여러분의 영향에서 벗어날 수 없는 자식이 아니었다는 것은 기뻐할 일이다.

부모가 자식에게 영원히 자식이기를 요구하면 그 자식은 잘 못 자란다.

그러므로 기쁨으로써 자식은 마땅히 떨어져 나가야 한다. 그 것이 자녀양육의 목표이기 때문에.

정신적으로 자식으로부터 떨어지지 못하는 부모이어서는 안 된다. 그것은 자식이 부모에게 의지하지 않고 자립하는 것을 방 해하는 것이다. 그 자식을 불행하게 한다.

자식이 성장하면 어디서든 마음껏 자유롭게 살도록 해야 한 다. 그렇게 생각하는 것이 틀림없이 그 자식도 부모도 행복해지 는 길이다. 나는 진심으로 그렇게 생각한다.

어엿한 어른이 되는 것이 행복

이제 이 책의 마지막 부분이다. 여기서는 또 초등학교 6학년생이나 중학생에게 말하겠다.

이 마지막 절에서 내가 말하고 싶은 것은, 여러 가지 행복해지는 방법에 대해 이야기해 왔음에도, 최종적으로는 어엿한 어른이 되는 것이야말로 행복이라는 것이다.

어엿한 어른이 된다는 것, 그것은 부모에게 의지하지 않고 자립하는 것이라고 말하고 싶어서 '부모를 버리라'는 식으로 쇼킹하게 표현해 보았다.

하지만 내가 말하고 싶은 것을 이해하고 나면 그것은 결코 터무니없는 것이 아닐 것이다. 부모는 여러분이 어른으로 성장해 줄 것을 바라면서 여러분을 기르고 있다. 그렇다면 어엿한 어른이 되는 것이 부모님의 은혜를 갚는 일이 아니겠는가.

이 책에서 행복해지기 위한 힘을 다섯 가지로 나눠 생각해 보았다. 그 다섯 가지는 잘 생각해 보면 어른으로서 가져야 할 다섯 가지 힘이다. 사실대로 말하면 그 장을 쓰고 있을 때 나는 그런 식으로 생각지 않았다. 자식이 가지고 있으면 행복해질 수 있는 힘이 무엇일까 하고 거듭 생각한 끝에 내놓은 것이다.

그런데 여기까지 쓰고 나서 문득 깨달았다. 그것은 어른이 가지고 싶은 힘이기도 하다. 요컨대 그런 힘을 가지고 있으면 제법 어른에 가깝다.

그리고 제6장에서 나는 세상은 여러분의 적이 아니니까 두려워하지 말고 세상에 참여하자고 말했다. 다시 말해서 사회와 착실히 관계를 갖자는 것이다.

그런데 그것 역시 생각해 보면 어른은 그래야 한다는 말이다. 거기서도 나는 어른이 되자는 것을 말하고 있었다.

아무래도 행복해진다는 것은 어엿한 어른이 되는 것인 것 같다. 그것이 이 책의 결론인 것처럼 되었다.

나는 아이가 종종 '나는 어른이 되고 싶지 않아' 하고 생각하는 것을 알고 있다. 내 자신도 옛날 어린아이일 때 그런 식으로 생각한 적이 있다는 것을 기억하기 때문이다.

당시 어른 따윈 싫다는 느낌이 들었다.

우선 어른에게는 꿈이 없고 조금도 즐거운 것 같지 않다. 어른은 놀고만 있을 수 없고 일해야 한다. 그것이 아무래도 몹시 힘들 것 같다. 책임이라는 것이 있어서 어린아이처럼 누긋하게 있을 수 없을 것 같다.

무엇보다 어른에게는 즐거운 공상력이 없다. 자유로이 여러

가지를 공상하고 마음속에 꿈을 펼치는 즐거움이 전혀 없는 것
같다. 어른에게는 현실이라는 것이 무엇보다 큰 것 같다. 현실을
직시해야 하며 혹독한 현실과 싸워야 하는 것 같다.

어른에게는 농담할 마음의 여유도 별로 없다. 착실하지 않으
면 살아갈 수 없다는 생각에 조금도 재미있지 않은 따분한 것들
만 열심히 생각한다. 세금 대책을 어떻게 할까 등등.

어렸던 나는 그런 어른을 보고 저런 건 즐거운 것 같지 않다
고 느꼈다. 그래서 어른 따윈 되고 싶지 않다고 생각한 때가 있
었다.

그리고 이런 식으로 생각한 때도 있었다. 이것 역시 잘 기억

하고 있다.

싫어도 나는 결국 어른이 되겠지. 그것은 아마도 어쩔 수 없는 일일 것이다. 하지만 나는 비록 어른이 되어도 지금 생각하는 것이나 느끼는 것을 절대로 잊고 싶지 않다. 어른이 된 뒤 자신의 어린 시절 같은 것은 없었던 것처럼 잊어버리는 인간은 (흔히 있지만) 절대로 되지 않을 것이다.

그렇게 생각하고 있었다.

행복해지는 방법이라는 것이 결국 어엿한 어른이 되는 것이라는 내 얘기에 여러분은 약간 시시한 결론이라고 생각할지도 모른다. 어른보다 어린아이 그대로 있는 것이 좋을 텐데 하고 생각할지도 모른다.

하지만 역시 그럴 수밖에 없는 것이다. 어른이 되지 않는 것은 이야기 속의 피터팬뿐이다. 그 외에는 어떤 아이도 어른 쪽으로 향해 가는 것을 피할 수 없다. 그렇게 되는 것은 싫다고 해도 선택의 여지가 없다.

때가 되면 순순히 어른이 되는 길밖에 없는 것이다. 그것이 행복해지는 길이다.

어른에게는 어린아이에게는 없는 힘이 있다. 인생을 개척해 가는 힘이다. 그런 힘을 정확히 가지고 있으면 인생에 두려운 것이 없다. 무슨 일이 있어도 잘 살아 갈 수 있다.

그렇다. 그런 힘을 확실히 가지고 능력 있는 어른이 되는 것.

시간을 거슬러 올라갈 수 없는 인간에게는 그것밖에 행복해지는
힘은 없는 것이다.

성장하는 것을 두려워해서는 안 된다.

성장하는 것은 실은 굉장한 인생의 즐거움과 결부되어 있다.

내가 여러분에게 전하고 싶은 것은 결국 그것이다.

이제 여러분은 행복을 절반 정도 손에 넣은 것과 마찬가지다.

대단하지 않는가.

후기

약간 바뀐 책이 되었는지도 모르겠다. 한 권의 책으로 저자가 논하고 고찰한 것을 독자에게 설명해 나갈 때, 저자는 어떤 독자를 가정하고 있는가에 따라 말투 등이 달라진다. 소년·소녀를 대상으로 하면 친절하게 설명하는 느낌이 되고, 어른을 대상으로 할 경우 정통적으로 논한다.

그런데 이 책은 한 권 안에서 말하는 대상이 이것저것 변화한다. 그것은 별로 예가 없는 드문 일인지도 모른다.

기본적으로 나는 초등학교 6학년생에서 중학생을 머릿속에 두고 그 독자들에게 행복해지는 방법을 설명한다는 생각으로 썼다. 약간 말하는 투이기 때문에 직접 말하고 있다고 해도 좋을 것이다.

그런데 이야기 내용에 따라 특정 부분에서는 갑자기 고등학생이나 대학생 독자를 향해 이야기를 하기도 한다. 이 점을 그 또래의 젊은 사람들이 이해해 주었으면 좋겠다. 이럴 때 내 말투도 약간 바뀌어 있는 것 같다.

그리고 어떤 부분에서는 "이것은 자녀를 가진 부모가 꼭 생각해야 한다."라고 말하면서 부모를 향해 이야기하기 시작한다. 부분 부분에서 가정하고 있는 독자가 바뀌는 그야말로 보기 드문 책이 되어버렸다.

그리고 다시 되돌아가서 지금 이 부분은 초등학생은 이해하지 못했는지도 모른다, 미안하다, 여기서부터 다시 여러분도 알 수 있도록 이야기하도록 하겠다고 말하는 등 재미있는 엮음이 되어 있기도 하다.

그러나 그것 역시 좋을 것이라고 나는 생각한다. 왜냐 하면 나는 여기서 말한 것을 여러 세대 사람들이 이해해 주기를 바라기 때문이다. 초등학생이 이해해 주기 바라는 부분도 많이 있고 그 부모가 생각해 주기를 바라는 것 역시 따로 있다. 따라서 3가지, 4가지의 말투를 계속 사용하더라도 내용이 여러분에게 잘 전달되면 된다고 생각한 것이다.

그리고 초등학생이 이해하기 어려운 것을 말한 부분도 있다는 것은 아마도 착각이라고도 생각한다. 초등학생을 그렇게 얕보아서는 안 된다. 실은 어른용이라고 말하는 부분이라도 그들은 절반 이상 이해하고 읽을 수 있다. 따라서 문체가 통일되지 못한 책이 되어 버렸다고 반성할 필요는 없다고 생각한다. 나는 여러 독자층의 이해를 구하고 싶은 생각에서 내 나름대로 최선을 다했다.

요즘 세상은 점점 더 많은 사람들이 행복감을 가지지 못하는 방향으로 나아가고 있는 것 같은 느낌이 들어 나는 걱정하고 있다. 행복감을 가지지 못하고 불만만이 축적되어 인간관계가 삐걱거리는 것 같은 느낌이 드는 것이다.

　이런 시대 풍조 속에서 어린아이들도 어떻게 성장해야 좋은지를 모르게 된 것은 아닐까. 무엇을 가져야 만족스럽게 살아갈 수 있는가, 그런 것마저 모르게 된 것은 아닐까.

　이런 생각에서 나는 이 책을 썼다. 인간의 행복이란 여기에 있는 이것이라는 점을 부디 이해해 주기 바랐던 것이다.

　이 책 속의 어느 한 부분이라도 그 부분이 내 마음에 닿았다고 생각해 주는 독자가 있기를 진심으로 바라고 있다. 아주 조금이라도 전달된 것이 있다면 그것으로 나는 매우 만족한다.

시미즈 요시노리

옮긴이 홍영의

일본 서적 번역 활동 및 한·일 출판 교류를 위해 노력하고 있다.
저작권 에이전시를 운영하고 있으며 후학 양성에 힘쓰고 있다.
번역서로 〈봄이여 오라〉〈실낙원〉〈마르크스의 산〉〈성경으로 배우는 유대인 비즈니스 교과서〉
〈잡학〉 등 다수. 저서로는 〈바로바로 여행 일본어〉 등이 있다.

입시 공부의
7가지 진실

* 〈권말 부록 : 입시 공부의 7가지 진실〉은 행복포럼 편집실에서 작성한 글이며,
  이 책의 저자 시미즈 요시노리와는 무관하다.

첫째, 공부는 인생과 성공에 많은 도움이 된다. 가급적 열심히 공부해서 본인이 원하는 좋은 대학에 진학하는 것이 중요하다.

따라서 공부에 최선을 다해야 한다.

둘째, 학교 성적이 인생의 성공을 보장하는 것은 아니다. 인생은 성적순이 아니며, 학교 성적이 좋아도 사회에서 성공하지 못하는 사람들도 많다.

따라서 공부를 맹신하지 말아야 한다.

셋째, 공부를 못해도 성공할 수 있다. 학교 성적이 나빠도 성공한 사람들은 이 세상에 무수히 많다.

따라서 공부 때문에 지나치게 위축될 필요는 없다.

이상은 입시 공부와 관련해 어느 누구도 부정할 수 없는 평범한 진리이다. 그러나, 많은 사람들이 사회적 집단 최면과 편협한 조바심에 사로잡혀 이 같은 진리를 망각한 채 살아간다. 이 때문에 숱하게 많은 사람들이 아무런 의미 없이 불필요하게 번민하며 좌절한다.

[진실1] 합격자 수는 늘지 않는다

입시 경쟁에 정신없이 빠져드는 요즘 부모들의 열기는 소름 끼치도록 무섭다. 이들은 교육이 상류층 진입의 보증수표가 될 것으로 믿고, 자녀가 공부 잘하기를 열망하며, 좋은 학교에 들어가기를 애타게 바란다. 그 뒷바라지를 위해 안간힘을 다한다.

많은 부모들이 자녀 학원비 과다 지출을 주저하지 않는다. 못 입고 못 먹어도, 자신의 노후준비를 못해도 자녀 학원비만은 기꺼이 지불한다. 한 부모가 극성이면 옆에 있는 부모들도 뒤처지지 않기 위해 덩달아 경쟁 대열에 합류한다. 결국 수많은 학부모들이 허리가 휘는 사교육비의 희생자가 된다.

자녀는 자녀대로 과다한 경쟁으로 인해 몸과 마음이 상하는 심각한 부작용에 시달린다. 심지어 자살이라고 하는 심각한 상황으로까지 내몰리고 있다. 작금의 입시 경쟁이 자녀의 성공을 위한 경쟁인지, 자녀를 파멸로 내모는 경쟁인지 의심스러울 정도이다.

이런 현실에서 부모들이 간과하는 중요한 사실은, 아무리 발버둥 쳐도 명문대의 합격자 수는 변하지 않는다는 것이다. 사교육비를 평균 10만원 쓰는 시절이든 평균 100만원 쓰는 시절이든 명문대의 입학 정원은 거의 변하지 않는다. 사교육비가 10배로 늘었다고 해서 입학 정원이 10배로 늘어나는 일은 상상조차 할 수 없다.

그럼에도 부모들은 자녀 학원비를 많이 지출하면 자녀가 명문대에 갈 가능성이 높아질 것이라고 착각한다. 주위 사람도 똑같이 학원비 지출을 늘린다는 사실을 감안하지 않기 때문이다. 대학 입시는 절대평가가 아니라 상대평가라는 점을 잊고 있기 때문이다. 결국 과도한 경쟁으로 인해 부모와 자녀의 고통지수만 높아질 뿐이다. 이는 앞으로 평균 사교육비가 1,000만원에 이르는 시절이 오더라도 마찬가지다.

그리고 항상 그랬던 것처럼 명문대 입시에는 합격자보다 탈락자 수가 훨씬 더 많다. 2008학년도 서울대의 정시 모집 경쟁률(일반전형)은 4.82대 1이었다. 대략적으로 보면 5명이 응시해 4명이 탈락하고 단 한 명만 합격했다는 것이다. 결국 실망하는 부모와 자신감을 잃는 자녀가 훨씬 더 많다는 얘기다. 성적이 모자라 아예 응시조차 하지 않은 사람은 언급할 필요조차 없을 것이다.

특목고도 마찬가지다. 정부 통계에 따르면 2007학년도 전국 특목고의 평균 경쟁률은 4.6대 1이었다. 서울대 입시 경쟁률과 큰 차이가 없다. 앞으로 특수중학교까지 설립되면 입시 경쟁은 초등학교로까지 확산될 것이 분명하다. 초등학생도 과도한 입시 경쟁의 쓴맛을 보게 되는 것이다. 이제 부모는 자신의 자녀가 속할 가능성이 많은 다수의 입장에서도 생각할 수 있는 여유를 가져야 한다. 그런 시각에서 자녀의 장래와 행복에 대해 냉정히 따져 보는 현명함을 지녀야 한다.

입시에만 올인 하는 부모들은 큰 착각에 빠져 있다. 입시만 잘 통과하면 자녀의 평생이 행복할 것이라는 착각. 이제 우리 자녀들은 별 탈이 없으면 100세까지 살 수 있다. 100세 인생에서 입시는 인생의 수많은 관문들 중 단지 하나에 불과하다. 현재를 기준으로 생각해도 인생에는 입시뿐 아니라 취업, 결혼과 이혼, 승진, 자녀 양육, 사업과 재테크, 중년실직, 전직, 대인관계, 이별과 죽음, 건강관리, 노후 준비 등 수많은 관문이 기다리고 있다. 더구나 미래는 모든 것이 빠르게 변화하는 시대다. 10년 뒤에는 세상이 또 어떻게 바뀌어 있을지 아무도 장담할 수 없는 세상이다.

입시 성공이 인생의 모든 관문에서의 성공을 보장할까? 정답은 노(No)이다. 수많은 명문대 출신이 취업 전쟁에서 실패해 청년백수 생활을 한다.

보도에 따르면, SKY(서울대, 고려대, 연세대) 출신들이 9급 공무원직에도 몰리고 있다. 서울의 한 구청에서는 물리학 박사가 환경미화원에 응모했다가 낙방해 화제가 됐다.

좋은 직장에 들어간 사람들 중 상당수(신입이든 중견이든)가 퇴사로 내몰린다. 잘 나가던 혹은 출세했던 사람이, 부러울 것 없어 보이던 유명인사가 어느 날 신문 사회면에서 등장한다. 범죄 아니면 자살 때문이다. 이런 사람들은 너무 많이 일일이 거명하는 것 자체가 무의미하다.

이처럼 우리 자녀는 인생에서 무수한 변화와 위기, 시련 등을 겪게 돼 있다. 만약 자녀가 이런 인생 관문들을 잘 통과할 수 있는 능력이 결여돼 있다면 입시 성공이 무슨 의미가 있겠는가.

지금 부모가 자녀 교육에 현명함을 발휘하지 않으면 나중에 자녀의 장래를 망친, 자녀의 행복을 저해한 장본인은 바로 부모 자신이라는 비난을 면할 수 없을지도 모른다. 학력 제일주의라는 터무니없이 좁은 시야에서 잘못된 교육 체제에 편승한 것은 바로 부모 자신이기 때문이다.

입학시험에서 떨어졌다고 상심할 필요는 없다. 자기가 원하는 대학에 가지 못했다고 통탄할 필요도 없다. 입시에 떨어지고도 성공은 사람들은 부지기수로 많다. 세계적인 리더들 중에도 낙방생이 있었다는 것은 분명한 사실이다. 하물며 평범한 사람들 중에는 이런 사람들은 셀 수 없을 정도로 많을 것이다.

대표적인 인물이 제2차 세계대전을 연합국의 승리로 이끈 처칠이다. '20세기 최고의 영웅'으로 칭송 받는 영국의 전 총리 윈스턴 처칠은 초등학교부터 고등학교까지 줄곧 성적이 좋지 않았다. 수업태도도 좋지 않아 늘 선생님에게 꾸지람을 듣는 문제 학생이었다.

가혹한 체벌을 당연시 했던 세인트 조지 기숙학교(초등학교 급)에서 처칠은 교장실로 불려가 엉덩이가 피투성이가 되도록 맞는 일이 흔했다. 공부에 소질이 없는 데다 절대적 복종을 요구하는 교사들에게 순종하지 않았기 때문이었다.

12세에 치른 고등학교 입시에 대해 처칠은 "나는 라틴어 시험 중 한 문제도 답을 써내지 못했다. 서글펐던 두 시간 내내 나는 그저 멍하니 앉아 있었다."라고 회고했다. 그럼에도 처칠은 교장의 특별 배려로 그 고등학교에 입학했다. 하지만 성적은 바닥권에 머물렀다.

처칠은 성적이 나빠 명문가 자녀들이 흔히 가는 옥스퍼드나 케임브리지 같은 일류 대학에 갈 수 없었다. 그는 결국 샌드허스트 사관학교에 지원했다. 그마저 두 번이나 낙방해 아버지로부터 "전혀 쓸모없는 놈"이라는 심한 꾸지람을 듣기도 했다.

이후 고시원에 들어가 과외 선생들로부터 집중적인 입시 교육을 받았다. 처칠은 세 번째 도전에서 운 좋게 자신이 찍은 문제가 출제돼 간신히 샌드허스트 사관학교에 합격했다. 삼수 끝에 입학의 행운을 잡은 것이다.

이후 처칠은 정치인으로 크게 성장해 세계적인 영웅으로 기록됐다. 학생 시절 처칠의 그 같은 경험이 그를 불굴의 지도자를 만드는 데 기여했음이 분명하다.

낙방의 경험이 정치인에게 한정된 것은 아니다.

동화 〈어린 왕자〉로 전 세계인에게 감동을 심어준 작가 생텍쥐베리도 낙방생이었다. 학창 시절 그는 그리 특기할 만한 것이 없는 학생이었다. 그저 얌전치 못하고 엉뚱한 데가 많았으며 주의가 산만했다. 특히 수학에 약해 진학에 애를 먹었다.

고등학교를 마친 생텍쥐베리는 1917년 파리로 상경해 해군전문학교(그랑제콜)에 지원했다. 그러나 생텍쥐베리는 그 학교에 2년 연속 낙방한 후 응시 연령 초과로 결국 입학을 포기했다. 어른들이 원하는 공부에서는 엉망이었던 것이다.

그는 할 수 없이 내키지 않았던 미술전문대학에 진학했다. 그리고 군에 입대해 비행연대에 배속됐다. 그는 원했던 해군전문학교 입시에서 낙방한 것이 계기가 돼 비행사라는 직업을 갖게 되었다.

그 직업 세계는 그를 위대한 작가로 만든 터전이 되었다. 생텍쥐베리는 비행사가 되지 못했다면 결코 〈어린 왕자〉를 쓸 수 없었을 것이다.

인상주의의 대표적 화가인 폴 세잔도 낙방을 성공의 계기로 만들었다.

1839년 프랑스 엑상프로방스에서 은행가의 아들로 태어난 그는 유복하게 자랐다. 세잔은 아버지의 뜻에 따라 법과대학에 진학했으나 곧 법학을 포기했다. 미술에 관심이 많았던 그는 어머니의 지원으로 미술을 공부하러 파리로 갔다. 그는 아버지가 매달 보내주는 200프랑과 어머니가 몰래 더해 주는 돈으로 궁핍하지 않게 지낼 수 있었다.

아버지는 이왕 미술가가 되려면 엘리트 코스로 성공하도록 에콜 데 보자르에 들어가기를 바랐다. 세잔은 아버지의 뜻에 부응하기로 했다. 그러나 입학시험에서 낙방하고 말았다.

이후 세잔은 대학이 아닌 다른 방법을 통해 인상주의 화가로 성장해 갔다. 그것이 학교 엘리트 코스를 거치는 것보다 더 나은 방법이었는지도 모른다.

〈세일즈맨의 죽음〉 등을 쓴 저명한 미국 극작가 아서 밀러는 1915년 폴란드 이민자의 아들로 뉴욕의 할렘에서 태어났다. 아버지는 옷가게로 성공해 가족은 유복하게 살았다.

그러나 풍족한 삶은 1929년 경제 공황으로 막을 내렸다. 같은 해 재정적 곤란으로 밀러 가족은 브루클린으로 이사했다.

밀러는 1933년 뉴욕에서 고등학교를 졸업하고 코넬대와 미시건대에 지원했지만 모두 낙방했다. 하지만 그는 결코 낙방에 좌절하지 않았다. 훗날 미시건대에 입학하기 전까지 다리오 프로그램의 사회를 보는 등 열심히 여러 가지 일을 했다.

대학에서 언론학을 전공한 그는 미시건 데일리의 편집책임자가 되었고 연극에 발을 들여놓았다. 그리고 극작가로 성공해 퓰리처상을 받기도 했다.

〈나는 고발한다〉는 평론으로 유명한 프랑스의 소설가 에밀 졸라는 한때 장학생이었지만 불문학 과목에서 빵점을 받은 적이 있으며 독일어와 수사학에서도 낙제한 경력을 가지고 있다. 당연한 결과이지만 대학 입시에서 낙방해 진학을 포기했다.

〈전쟁과 평화〉 등 불후의 명작을 남긴 러시아의 문호 톨스토이도 낙방생이었다. 그는 16세이던 1844년 카잔대학에 입학시험을 쳤지만 낙방했다. 같은 해 가을 그는 다시 도전해 성공할 수 있었지만 공부를 못해 계속 학교를 다닐 수가 없었다.

입학시험은 아니지만 백범 김구 선생은 과거에 낙방했기에

존경받는 민족의 지도자가 될 수 있었다.

조선 왕조가 몰락하던 19세기 후반, 양반과 상놈 사이의 신분 차별이 극심했다. 상놈의 비애를 뼈저리게 느꼈던 어린 김구는 집안 어른들의 권유에 따라 과거 급제를 통한 신분상승을 시도했다. 당시 과거가 신분상승의 거의 유일한 통로였다.

김구는 12세 때부터 서당을 다니며 열심히 과거 공부를 했다. 그러나 15세인 1890년 과거에 응시했으나 실패했다. 1892년 해주에서 시행된 경과에서도 낙방했다. 당시 사회 부패로 인해 과거시험도 뇌물과 청탁에 의해 결과가 좌우되었기 때문이었다.

과거시험의 낙방으로 인해 김구 선생은 인생관, 정치관을 완전히 바꿔 혁명가, 독립운동가의 길로 들어섰다. 그리고 우리 민족의 지도자가 되었다.

이승만 전 대통령 역시 젊은 시절 수차례 과거에 응시했으나 번번이 낙방해 우울한 나날을 보냈다. 그러다가 배재학당에 입학해 신학문을 공부하면서 인생의 진로를 바꿨다.

이승만은 입신출세를 위해 13세부터 7차례 과거시험에 응시했으나 번번이 낙방했다. 7차례의 과거 응시는 그가 얼마나 간절히 과거 급제를 원했는가를 잘 알게 해 주는 것이다.

그는 갑오개혁으로 과거제가 폐지되자 "전국 방방곡곡에 묻혀 있는 야망적인 청년들의 가장 고귀한 꿈을 산산이 부수는 조치"라고 비난했다. 그리고 그는 홧김에 개혁운동에 뛰어들었다.

학교 성적이 인생의 성패를 좌우하는 것은 아니다. 실제로 성적이 나빠 거의 꼴찌였던 학생이 졸업 후 인생에서 성공을 거둔 예는 무수히 많다.

20세기 최고의 천재 물리학자 아인슈타인은 학창 시절 모범생이 아니었다. 그는 어려서부터 천재의 낌새를 보이기도 했지만 환경에 잘 적응하지 못하는 이상한 아이였다.

어린 시절 말이 너무 늦어 식구들은 혹시 지진아가 아닐까 하고 걱정했다. 초등학교 시절 아인슈타인은 뛰어노는 것을 좋아하지 않았기 때문에 같은 반 아이들로부터 별난 애라는 취급을 받았다.

교사들은 잘 외우지 못하고 행동이 이상한 그를 지능이 떨어지는 아이라고 생각했다. 그는 수학과 라틴어를 제외한 과목에서는 심한 꾸지람과 따끔한 회초리 세례를 받아야 했다.

고등학교 시절 아인슈타인은 그리스어를 전혀 이해하지 못해 담당 교사는 아예 그가 없는 것으로 여기고 수업을 진행했다. 심지어 그 교사는 아인슈타인에게 "다른 사람에게 방해만 되고, 장차 아무짝에도 쓸모없는 인간이 될 것"이라고 쏘아붙이기도 했다. 물론 수학과 물리학 등에서는 탁월함을 보였다.

가족의 권유에 따라 취리히 공대를 지원한 아인슈타인은 입시에서 낙방해 충격을 안겼다. 낙방의 원인은 프랑스어, 화학, 생물학 과목의 과락이었다. 그러나 아인슈타인이 수학과 물리학 과목에서 높은 점수를 받은 것에 주목한 물리학 교수는 자기 강의를 청강하도록 했다.

물론 아인슈타인은 재능이 모자라는 아이는 아니었다. 그는 흥미 없는 과목을 억지로 공부하고 싶지는 않았던 것이라고 보는 것이 타당할 것이다.

물리학의 패러다임을 바꾼 그의 상대성 이론은 정상적인 학교 수업으로는 도저히 나올 수 없었을 것이다.

진화론을 제창한 위대한 생물학자 다윈도 학교 성적이 좋지 못했다. 다윈은 자서전에서 "전 생애를 통틀어 나는 외국어 하나도 변변하게 익히지 못했다."라고 털어 놓았다.

그는 9세에 기숙학교에 입학해 16세가 되던 1825년 여름까지 7년을 다녔다. 이 학교를 마칠 무렵 다윈은 나이에 비해 뛰어나지도 처지지도 않는 정도였다.

여러 선생님이나 아버지도 다윈을 아주 평범한, 지적인 면에서는 보통 수준보다 약간 모자라는 소년으로 여겼다. 심지어 다윈의 아버지는 "너는 신경 쓴다는 일이 사냥하고 강아지 돌보고 쥐 잡는 것밖에 없구나. 그래 가지고는 자신에게나 집안에게나 망신거리밖에 되지 않겠다."라고 말했다.

부진한 학교 성적에도 불구하고 다윈은 부단한 탐사와 연구를 통해, 진화론을 담은 〈종의 기원〉을 썼다.

위대한 화가 피카소도 공부와는 거리가 한참 멀었다.

피카소는 말을 배우기 시작할 무렵, 처음 뱉은 단어가 '색연필'이었을 정도로 미술에 대해 천재성을 보였다. 조금 더 커서는 그림을 의사소통 수단으로 사용했다. 피카소가 빙빙 돌려 구부러진 모양의 과자를 그리면 부모가 그것을 가져다주는 식이었다.

피카소는 아버지가 학교에 가면 그림도구를 주겠다고 상을 내걸었기 때문에 어쩔 수 없이 학교에 가기는 했지만 우수한 학생이 되지는 못했다. 학교에서 미술 외의 분야에서는 전부 낙제생이었다.

학교 공부에는 관심이 없고, 자기가 펜으로 그리는 상상의 세계에만 빠져 있었다. 열등생인 그는 벌을 받아 근신 당하는 것을 좋아했다. 그럴 때면 수업에 들어갈 필요 없이 방에 틀어박혀 하루 종일 그림을 그릴 수 있었기 때문이다. 나중에 피카소는 "학교에서 배운 것은 하나도 없다."라고 평생 자랑스럽게 말하고 다녔다.

그런 '외곬' 성향이 피카소를 미술 천재의 길로 이끌었다. 이는 학교 공부를 통해서는 도저히 계발할 수 없는 재능인 것이다.

'동화의 아버지'로 불리는 안데르센은 학창 시절 성적이 좋지 않아 많은 고민을 했다. 안데르센은 자서전에서 "어머니는 나를 가난한 사람들을 위한 자선학교에 보냈다. 거기서 종교와 글쓰기와 수학을 배웠다. 이 가운데 나는 수학을 제일 못했다. 게다가 단어의 철자를 정확하게 쓰지도 못했다."라고 말했다.

가난했던 안데르센은 1882년 후원자의 경제적 도움으로 슬라겔세 문법학교에 들어갔지만 학업 성적 때문에 속을 끓였다. 그는 후원자에게 보내는 편지에서도 "저는 타고난 재능이 별로 없는데다 공부를 끝까지 마치지 못할 것이고 코펜하겐에서 저를 위해 돈을 쓰는 사람들이 쓸데없이 돈을 낭비하는 것 같습니다. 그러니 제발 제가 어떻게 하면 좋을지 조언을 해 주십시오."라고 썼다.

그러나 안데르센은 나이에 비해서는 늦었지만 꾸준한 노력으로 착실하게 공부를 해 나갔다.

노벨 문학상을 받은 저명한 극작가 버나드 쇼는 학교에 다닌 기간이 4년 정도에 지나지 않는다. 그는 학교생활에 실패한 이유에 대해 "나는 선천적으로 경쟁에 약하다. 칭찬이나 표창을 받고 싶지도 않다. 따라서 경쟁을 전제로 하는 시험 따위에는 아무 관심이 없다."라고 말했다. 이런 학생은 오늘날 한국에도 분명이 존재한다.

현대 문학사에 큰 족적을 남긴 프란츠 카프카, 라이너 마리아 릴케, 샤를르 보들레르, 앙드레 지드, 헤르만 헤세, 토마스 만 등도 학교 교육과 심각한 갈등을 겪었다.

'20세기 최고의 배우'라는 평가를 받는 말론 브랜도는 고등학교를 졸업조차 하지 못했다. 가족 간 불화가 심했던 그는 학교에서 스포츠와 연극, 특히 팬터마임에서 두각을 나타냈다. 하지만 나머지 과목에서는 전부 낙제점을 받아 1년 유급을 당했다.

말썽꾸러기였던 브랜도는 1941년 5월 마침내 리버티빌 고등학교에서 쫓겨났다. 황산가루를 학교 송풍관에 쏟아 부어 썩은 달걀 냄새가 온 교실에 진동하게 했기 때문이었다.

아버지는 그를 자신의 모교인 새턱 육군사관학교(고등학교 급)에 보냈다. 하지만 그는 여기서도 퇴학 조치를 당했다.

배우, 감독, 시나리오 작가이자 극작가이기도 한 우디 알렌은 뉴욕대학의 필름 프로그램에 등록했다가 '영화 제작' 과목에서 낙제를 하는 바람에 학교를 중퇴한 이력도 갖고 있다. 영어 과목에서 낙제하기도 했다.

그러나, 여기서 분명히 짚고 넘어가야 할 것은 '공부를 못해야 성공한다'는 말은 절대 진실이 아니라는 점이다. 공부를 잘한 사람은 잘하지 못한 사람에 비해 성공할 가능성이 더 큰 것이 사실이다.

다만 여기서 강조하고자 하는 것은 '공부를 잘하지 못한 사람은 절대 성공할 수 없다'는 말은 진실이 아니라는 점이다. 이 점에서 오해가 없기를 바란다.

또 한 가지 명심해야 할 것은, 학교 성적이 나빴음에도 나중에 성공한 사람들은 비록 학창시절은 아니었지만 자기 인생의 어느 단계에서 다른 사람들보다 더 열심히 노력하고, 더 열심히 공부하고, 더 열심히 일했다는 점이다.

노력의 뒷받침이 없는 성공은 없다. 학창시절에 공부하지 않고 사회에 나와서도 노력하지 않으면서 성공을 꿈꾸는 것은 어불성설(語不成說)이다.

[진실 4] 학교 안 다니고 성공한 사람도 있다

성공하려면 반드시 학교에 다녀야 할까? 반드시 그렇지는 않다. 학교를 다니지 않고도 성공한 사람들도 있다.

위대한 '발명왕' 에디슨은 남들보다 1년이 늦은 8세에 초등학교에 입학했다. 그는 글을 읽거나 쓰는 것, 또는 계산을 하는 것만으로는 학교 공부에 흥미를 느끼지 못했다.

그래서 성적은 언제나 꼴찌였다. 친구들로부터도 "바보!"라는 놀림도 당했다. 게다가 에디슨은 제멋대로 하는 고집쟁이여서 자신이 하고 싶은 일 외에는 결코 하려고 하지 않았다. 수업 시간 중에 선생님 말을 듣지 않고 제멋대로 그림을 그리곤 했다.

선생님은 그런 에디슨을 호되게 혼내고 집으로 쫓아 보내곤 했다. 에디슨은 그러면서 선생님에게 엉뚱한 질문을 많이 했다.

그런 태도 때문에 하루는 선생님으로부터 "글도 못 읽는 돌대가리 녀석!"이라는 심한 핀잔을 들었다. 이 말에 화가 난 에디슨은 집으로 달려가 "학교에 다니지 않겠다."라고 말했다.

결국 에디슨은 3개월 만에 초등학교를 자퇴했다. 이후 집에서 어머니로부터 교육을 받았다.

말년에 에디슨은 "우리 반의 꼴찌는 항상 내 차지였다. 그리고 항상 선생님이 나를 좋아하지 않는다는 생각이 들었다. 아버지도 나를 바보라고 생각하시는 것 같았다."라고 회상했다. 에디슨은 학교 교육을 받지 않고도 세계적인 명성을 얻는 발명왕이 됐다.

전 세계적으로 부와 성공의 대명사로 불렸던 '강철왕' 카네기도 어려운 가정 형편 때문에 학교를 제대로 다니지 못했다.

8세에 영국 던펌린에서 학교에 들어갔지만 동네 어귀에서 물을 길어 와야 했기 때문에 지각과 결석이 잦았다. 그나마 13세에 가족이 생계를 위해 미국으로 이주하면서 그는 학교를 그만두어야 했다.

카네기는 "이후 어느 해 겨울엔가 야간학교를 다닌 것과 훗날 잠시 불어 야간 수업을 들은 것, 그리고 이상한 일이지만 낭독법을 배운 것이 고작이다. 나는 읽기와 쓰기, 계산을 할 수 있었으며 막 대수와 라틴어를 시작한 참이었다."라고 술회했다.

그는 공장, 전신국 등지에서 일하면서 독학으로 배움을 이어 갔다. 그리고 '강철왕'이 되었다.

미국서 가장 위대한 대통령으로 꼽히는 링컨은 "내가 학교를 다닌 것이 통틀어 1년도 채 못 되었다."라고 술회했다.

깊은 산골 개척지의 통나무집에서 자란 링컨은 어려서부터 아버지의 농사를 도와야 했다. 링컨의 마을에는 제대로 된 학교가 없었고 지식이 있는 동네 사람들이 개인적으로 만든 임시 학교가 고작이었다. 링컨은 이런 학교들을 찾아다니며 수개월씩 배움의 기초를 닦았다. 15세에 학교 교육을 끝낸 링컨은 이후 혼자 책을 보며 지식을 터득해 나갔다. 교육이 보편화되지 않았던 당시 상황을 감안해도 링컨은 학교 교육의 소외층에 속했다. 하지만 남북전쟁을 승리로 이끌어 노예 해방의 위업을 달성했다.

노벨상을 만든 알프레드 노벨, 〈톰 소여의 모험〉 등을 쓴 소설가 마크 트웨인, 피뢰침을 발명하고 미국 독립선언서에 서명한 벤자민 프랭클린, 〈올리버 트위스트〉 등을 쓴 찰스 디킨스, 세계적인 희극 배우 찰리 채플린 등도 가난 등의 이유로 학교 교육을 제대로 받지 못했다. 하지만 독학으로 세계적인 명성을 남겼다.

이런 얘기들에 대해 "그런 일들은 모두 옛날에나 있을 수 있는 일"이라고 치부하는 사람들이 있을지도 모르겠다. 절대 그렇지 않다. 오늘날은 홈스쿨링(자녀를 학교에 보내지 않고 부모가 집에서 가르치는 일)이라는 형태로 더 일반화하고 있다. 미국 NCES(국립교육통계센터) 자료에 따르면 2003년 기준 미국 내 5~17세 중 2.2%인 110만 명가량이 홈스쿨링을 했다. 이들 숫자는 2006년에는 190만~240만 명으로 추정됐다.

홈스쿨링은 한국에서도 점차 늘어나는 추세다.

[진실 5] 공부와 부자 되는 것은 별개다

돈 버는 머리와 공부 잘 하는 머리는 서로 다르다는 말이 있다. 공부는 혼자 읽고 외우고 쓰고 계산한다. 반면 부자가 되려면 다른 사람과 잘 어울리는 것이 무엇보다도 중요하기 때문이다.

부자가 되려면 대부분 창업을 해야 한다. 그런데 창업에는 학력이 그리 영향을 미치지 못한다. 학교 공부를 잘한 사람이든 잘못한 사람이든 창업이라는 출발선에는 동등한 조건과 자격으로 서게 된다. 이 출발선에서부터는 학교 성적과 무관한 능력, 즉 사업적 능력에 의해 승부가 결정되는 것이다.

한 예로 2002년 화제가 됐던 SPC그룹(던킨도너츠, 베스킨라빈스, 파리바게트, 샤니 등)의 삼립식품 인수를 살펴보자. SPC그룹 회장이 삼립식품 회장의 친동생이다. 원래 경기고·보스턴대학을 나온 형은 주력기업인 삼립식품을, 경희대를 졸업한 동생은 그 10분의 1에 불과한 샤니를 물려받았다. 공부에 뒤진 동생이 이후 경영에선 월등한 능력을 발휘해 SPC그룹을 설립하고 모기업인 삼립식품도 인수한 것이다.

국내 백만장자 50인을 대상으로 최종 학력을 물은 한 설문조사(서정명 저, 〈알부자들의 성공 X-파일〉)에 따르면, 이들의 최종학력은 대학원 20%, 대학교 46%, 고등학교 22%, 중학교 12%로 나타났다.

대학교 이상 졸업이 66%로 높게 나타났지만 이들 모두가 요즘 입시에서 말하는 명문대 졸업자들은 아닐 것이다. 대학에 진학하지 못한 사람도 모두 34%에 달했다.

또 이들의 학창 시절 성적은 40%가 수, 44%가 우, 그 이하는 16%에 불과했다. 대부분 공부를 잘 하는 축에 속했지만 모두가 1등만 하는 최상위권은 아니었다.

현실적으로 성공한 국내 부자들 중에는 학교를 제대로 나오지 못하고 공부를 잘 하지 못한 사람들도 많다. 실제로 재벌 1세를 포함해서 자수성가한 사람들 중에는 학력이 보잘 것 없는 사람들이 많다. 반면 학교에서 열심히 공부한 사람들이 가방끈 짧은 이들 부자들이 만든 회사에 들어가기 위해 안간힘을 쓰는 것이 우리 현실이다.

그럼에도 국내 부자들 중에는 최고경영자 과정 등 특수 대학원을 졸업한 사람들이 더러 있다. 이들은 부자가 된 후에, 중년 이후에 사교 목적 혹은 인맥 구축의 일환으로 학교에 다닌 경우가 더 많다.

한 연구에 따르면 미국 백만장자 5명 중 한 명은 대학을 나오지도 않았다고 한다. 다른 연구에서는 미국 백만장자들 중 10%는 문맹이라는 조사 결과도 있다.

심지어 대학을 나왔다는 것이 부자가 되는 데 방해가 된다는 말도 있다. 미국서 부자가 되기 위해 가장 많이 선택하는 방법은 자영업이다. 주유소, 닭고기 체인점, 술집 등 가게를 하는 것이다. 그런데 대학까지 나온 사람들은 '어떻게 내가 장사를 할 수 있겠는가' 하는 자격지심이 들기 때문이다. 실제로 미국서 자영업으로 부자가 된 사람들 중 10분의 8은 대학을 나오지 않았다고 한다.

경제 잡지 〈포브스〉에 따르면 세계 400대 거부들 중 58명은 대학을 가지 않았거나 중퇴했다고 한다. 이들의 재력은 48억 달러로 400대 거부 평균 18억 달러보다 훨씬 더 많았다. 특히 미국 동부 명문대 아이비리그 출신자들보다 평균 2배나 되었다.

대부분의 부자들은 사업상 업종에 관계없이 여러 번의 실패를 경험했다. 실패를 거치지 않고 한 번에 바로 성공한 사람은 찾아보기 힘들다.

이들은 실패와 시련을 악으로, 깡으로, 근성으로 극복했다. 그런 다음에 결국 부자가 됐다. 이 같은 도전정신, 불굴의 용기 등과 같은 자질은 학교 공부를 통해 쉽게 배울 수 있는 것이 아니다.

이밖에 돈과 시장의 흐름을 읽는 능력, 창의력, 친화력 등 실제로 부자가 되는 데 중요한 지식은 학교에서 가르쳐주지 않는다. 부자가 되는 데 필요한 자질과 자세는 학창 시절 공부와는 별다른 관계가 없는 것이 사실이다.

〈The Millionaire Next Door(이웃집 백만장자)〉의 저자 토마스 스탠리와 윌리엄 댄코는 "부를 축적하는 능력은 대부분 행운도, 유산도, 고학력도, 심지어 지성과도 무관하다. 부는 대개 근면하고, 인내심이 강하며, 계획적이고 자제력 있는 생활습성으로 얻을 수 있다. 이 중에서도 가장 중요한 것이 바로 자제력이다."라고 결론지었다.

그렇다면 부자가 되기 위해서는 학교 공부를 하지 말아야 할까? 천만의 말씀이다. 절대 그렇지 않다.

부자가 될 자질과 능력이 없는 사람이 학교 공부마저 등한시한다면 실업이 만연한 요즘 세상에서 실업자가 되기 십상이다.

예를 들면 초등학교를 3개월밖에 다니지 않은 발명왕 에디슨은 학교 무용론(無用論)을 절감하고 자기 아들을 학교에 보내지 않았다. 그러나 그 아들은 나중에 사기꾼이 되어 감옥살이를 하는 등 평생을 비참하게 살았다.

요즘 세상은 에디슨의 아들이 살았던 시절보다 공부가 더 필요하다.

과거 학창 시절에 관계없이, 이미 부자가 된 사람들은 대부분 열심히 책을 읽고 공부한다. 이들은 결코 배움을 중단하지 않는다.

국내 백만장자 50명에게 한 달에 몇 권을 책을 읽는지 물어본 조사(서정명 저, 〈알부자들의 성공 X-파일〉)에 따르면, 78%가 두 권 이상을 읽는다고 대답했다. 거의 읽지 않는다고 대답한 사람은 22%에 불과했다. 두 권 이상을 읽는다는 사람을 세분하면 14%가 다섯 권 이상, 20%가 3~4권, 44%가 2권이라고 대답했다.

요즘 부자들이 어느 누구보다도 자녀 교육에 열성이라는 점도 눈여겨봐야 할 부분이다. 이들은 자녀 교육에 과감하게 돈을 써도 아까워하지 않는다.

그만큼 교육이 장래에 자녀들이 부를 축적하고 사회적으로 성공하는 데 필요하고 중요하다고 생각하기 때문이다. 이 때문에 '교육을 통한 부의 세습'이라는 지적까지 나오고 있다.

〈Millionaire Next Door(이웃집 백만장자)〉에 따르면 '학교·대학 교육은 실제로 세상을 살아가는 데에는 별 소용이 없다'는 말에 미국 백만장자들의 80%는 동의하지 않았다. 미국 백만장자의 55%는 자녀를 비싼 사립학교에 보냈거나 보내고 있었다. 이는 문명의 패러다임이 산업사회에서 지식사회로 바뀌고 있음을 반영하는 한 현상이기도 하다.

[진실 6] 성적이 성공을 보장하지 못한다

"저 친구는 학교 다닐 때 공부를 나보다 훨씬 못했는데….."

학창 시절 우등생이 사회 열등생이 되고, 학창 시절 열등생이 사회에서 성공하는 경우는 무수히 많다. 또 성공한 사람들 중에 열등생도 많고, 성공하지 못한 수많은 사람들 중에 우등생도 많다.

사회에서 흔히 하는 말 그대로, 인생은 성적순이 아니기 때문이다. 미국 경제 전문지 〈포춘〉에 따르면 오늘날 최고경영자들 중 50% 이상은 대학에서 C학점, 미국 대통령들 중 75% 이상은 학급 석차가 중간 이하였다고 한다.

우수한 성적을 거둔 학생들은 대부분 책상물림의 모범생들이다. 이들은 학교에서 우수한 인재임이 분명하다. 선생들도 그들에게 "학교 성적이 우수하고, 근면 성실했으니 사회에 나가서도 잘 할 것"이라고 말한다. 이에 비해 공부를 등한시하는 학생들은 근면이나 성실과는 담을 쌓고 살았기 때문에 사회에 나가서도 제 몫의 삶을 감당하지 못할 것이라고 선생들은 가르쳤다.

그러나 현실에서는 정반대의 상황이 숱하게 나타난다. 교과서 안의 공부에만 열중했던 학생들이 오히려 실업자로 전락한다. 공부 못하는 학생 혹은 날라리라고 불렸던 학생들은 오히려 사회에 잘 적응하고 성공한 실업가 되기도 한다. 더 역설적인 것은 한때 우등생이었던 학생이 날라리 동창생의 회사에서 평범한 직원으로 일하기도 한다는 것이다.

왜 그럴까?

먼저 생각할 수 있는 것은 학교에서 가르치는 내용의 문제이다.

학교에서는 현실 생활, 혹은 세상살이와는 큰 관련이 없는 교과서적인 지식을 가르친다. 그러나 세상은 학교에서 가르치는 지식만으로는 살아갈 수 없다. 지식도 중요하지만, 삶을 대하는 다양한 태도나 지혜가 더 큰 비중을 차지한다.

일반적으로 지식 습득 능력과 어느 정도 관련이 있다고 생각하는 IQ에 대해 〈Emotional Intelligence(감성 지능)〉의 저자 다니엘 골먼은 "IQ와 사회적 성공의 연관성은 4~10%"라고 밝혔다.

성공하기 위해서는 단순한 지식보다 창의력, 용기, 결단력, 자신감, 화술, 인간관계, 시련을 극복하는 능력, 도전정신, 열정, 성실함, 불굴의 의지, 시대 흐름을 꿰뚫어 보는 지혜, 타인에 대한 이해와 사랑, 자신을 다스리는 능력 등 삶의 지혜와 처세술이 더 중요하다. 그러나 그런 것들을 제대로 가르쳐 주는 학교는 많지 않다.

그럼에도 불구하고 우리가 간과해서는 안 되는 분명한 사실이 있다. 학교 성적이 좋아 명문대를 나오면, 대학을 나오지 못했거나 좋은 대학을 졸업하지 못한 사람들에 비해 여러 가지 면에서 유리하다는 것이다. 같은 값이면 유리한 조건에 서는 것이 세상을 살아가는 지혜이다.

첫째, 이들은 사회 첫 출발에서 유리하다. 각종 입사 시험과 전문직 진출 등에서 그렇지 못한 사람들에 비해 유리한 고지에 설 수 있다. 또 인기 있는 직장, 수입이 많은 직종으로 진출할 수 있는 기회가 주어진다.

둘째, 장래 사회생활을 위한 인맥 형성이 쉬워진다. 아직도 한국을 비롯한 많은 국가들에서 학벌과 학력은 인적 네트워크 형성에서 중요한 요소가 된다.

셋째, 일단은 능력 있는 사람으로 인정받기 쉽다. 학교에서 배운 것이 단순 지식에 불과해도 사회는 그 단순한 학습 능력을 확대 해석하는 경향이 있다. 즉, 그 사람을 다방면에 걸쳐 유능한 사람이라고 인정하는 경향이 있다.

학교 공부를 잘 하면 사회 첫 출발에서 유리한 것은 분명한 사실이다. 그러나 그 후의 일은 학교 성적과 별개다. 직장 내에서 성공하는 데에는 학교에서 배운 지식이 크게 중요하지 않다. 그보다는 인간성, 조직 내에서의 친화력, 일에 대한 열정과 업무 능력 등이 더 중요하다. 그러나 학교는 지식의 전달에 주력할 뿐 이런 자질들을 가르치는 일에는 능숙하지 않다.

실제로 많은 기업체 인사 담당자들은 "명문대 출신이라는 졸업장이 직장 내 승진에 미치는 영향은 거의 없다."라고 말한다.

실제로 직장이나 조직 내에서 비(非) 명문대 출신이 명문대 졸업
자를 제치고 승진하는 일은 많다.

특히 현대 사회는 과거와 판이한 직업 구조가 형성되고 있다.
이제 노래를 한다고 혹은 그림을 그린다고 밥 굶으란 법은 없다.
이들 분야에서도 두각을 나타내면 모든 사람들이 부러워하는 성
공을 거머쥘 수 있다. 의사·법조인 등이 10년 뒤에도 전성기를
구가할 것이라는 생각은 오산이다. 따라서 시대가 요구하는 직종
에 정통하고, 그 분야에서 우위에 설 때 성공이 보장된다.

그러나 학교가 이런 변화까지 감지하면서 학생들을 가르치기
에는 역부족이다. 더구나 학교가 학생 개개인의 적성과 능력에
맞는 맞춤식 공부를 제공한다는 것은 아예 불가능한 일이다. 중
요한 것은 미래에는 이런 변화가 더 심할 것이라는 점이다.

또 초등학교에서 공부를 잘하지 못하다가 중·고등학교에서
잘하는 학생이 있다. 중·고등학교에서 공부를 잘하지 못하다가
대학교·대학원에서 두각을 나타내는 학생도 있다. 물론 그 반
대 경우도 있다.

더구나 학생 개개인의 잠재적 능력은 반드시 학창 시절에 나
타나라는 법도 없다. 졸업 후에 능력을 발견해 계발하거나 발휘
하는 사람들도 적지 않다.

예를 들면, 반 고흐는 27세가 되어서 처음으로 그림을 배웠
다. 고갱의 화가로서의 경력은 39세에 시작되었으며 마티스는 중

병에 걸린 이후에 그림을 그리기 시작했다. 앵그르의 대표작 〈터키탕〉은 그가 82세에 그린 작품이다.

차이코프스키는 17세가 되어서야 음악에 흥미를 갖게 되었고 25세에 첫 작품을 작곡했다. 조지 버나드 쇼는 40세에 첫 희곡을 썼다. 프로이트는 40줄에 접어든 후에 심리학을 접해 정신분석학이라는 새로운 분야를 개척했다. 소포클레스는 75세에 〈오이디푸스왕〉을 썼고, 하이든은 66세에 〈천지창조〉를 작곡했으며, 괴테는 81세에 〈파우스트〉를 탈고했다.

평균수명이 급속히 길어지고 있는 요즘에 이런 일이 더 흔해질 수 있는 것이다.

인생이 길다는 점도 학교 성적이 인생의 성공을 보장하지 못하는 중요한 이유가 된다.

인생이란 100m 단거리 경주가 아니라 마라톤과도 같은 것이다. 더구나 수명 연장으로 100세 인생을 눈앞에 두고 있다. 살면서 개인적으로 무수한 굴곡을 겪게 마련이다. 입시 외에도 인생에는 취업, 결혼과 이혼, 승진, 자녀 양육, 실직과 전직, 사업과 재테크, 이별과 죽음, 대인관계, 건강관리, 노후 준비 등 무수한 관문들이 있다. 따라서 어느 누구나 삶의 굴곡이 있을 수밖에 없다.

실제로 우리 주변에는 성공했다가 실패한 사람들도 많고, 한때 실패했다가 성공한 사람들도 많다. 젊어서 혹은 중년에 성공한 사람이 있는가 하면, 늙어서 대기만성하는 사람들도 있다. 미래 사회는 현재보다 훨씬 더 많은, 더 큰 변화를 수반할 것이라고 한다. 따라서 삶의 굴곡이 더 자주, 더 크게 나타날 가능성이 높다.

이에 비하면 학창 시절이란 겨우 20세 남짓까지의 짧은 기간에 불과하다. 전체 인생의 5분의 1 정도인 것이다. 전체의 5분의 1에 불과한 기간에 대한 평가 결과로 전체 인생의 성패를 결정한다는 것은 어불성설이다.

상위권에 드는 학생들과 비교적 부진한 학생들 모두 아직 돌아야 할 트랙이 5분의 4 가량 남아 있는 장거리 경주를 하고 있다. 따라서 선두주자들이 뒤로 처질 수도 있고 뒤처져 있던 그룹이 기운을 회복해 앞으로 나올 가능성은 얼마든지 있다.

"최후의 승자가 진정한 승자"라는 말을 가슴 깊이 새겨볼 필요가 있다. 인생의 성공은 절대로 대학 입시 성패에 의해 판가름되지 않는다. 중년 이후의 성공, 그보다는 행복한 노년이 인생의 진정한 성공 기준일 것이다.

[진실 7] 미래에 성공하는 공부는 따로 있다

미래에는 지금보다 공부가 훨씬 더 중요해질 것이다. 산업사회가 지식사회로 변모하고 있기 때문이다. 지식사회는 지식이 사회의 핵심자원이 되고, 지식근로자가 노동인구 가운데서 지배적 집단이 되는 사회이다.

그러나 공부의 성격이 지금과는 많이 달라질 것이라는 점에 유의해야 한다. 지식사회에서는 창조적 노동을 하는 지식근로자의 중요성이 강조된다. 논리적·분석적 지식보다는 상상력에 기초한 창의력이 중요해진다는 것이다. 다시 말해 단순 암기나 틀에 박힌 문제 풀이보다 새로운 것을 창조하는 능력의 중요성이 부각된다는 것이다.

미국 미래학자 다니엘 핑크는 저서 〈A Whole New Mind (새로운 미래가 온다)〉에서 미래사회의 인재에게 필요한 6가지 조건을 제시했다.

첫째, 기능뿐 아니라 시각적으로 아름답거나 좋은 감정을 선사할 수 있는 능력(디자인).

둘째, 단순한 주장을 넘어 설득, 의사소통, 자기이해 등에서 훌륭한 스토리를 만들어 내는 능력(스토리).

셋째, 집중과 전문화에서 탈피해 큰 그림을 볼 수 있고 새로운 전체를 구성하기 위해 이질적인 조각들을 서로 결합할 수 있는 능력(조화).

넷째, 논리를 넘어서 다른 동료들의 마음을 상하게 하는 것이 무엇인지 이해하고 유대를 강화하며 다른 이를 배려하는 정신(공감).

다섯째, 진지한 것에서 벗어나 업무적으로나 생활면에서 마음의 여유를 즐길 수 있는 능력(놀이).

여섯째, 물질적 축적에 한정되지 않고 목적의식, 초월적 가치, 그리고 정신적인 만족감 등을 만들 수 있는 능력(의미).

다니엘 핑크는 이들 6가지 능력을 '우뇌형 재능'이라고 지칭하고, 지금까지 중시돼 온 '좌뇌형 재능'과 구분했다. 논리력과 분석력을 주요한 특징으로 하는 좌뇌형 재능은 지금까지 학교 시험과 성적으로 측정이 가능했다.

좌뇌형 재능이 뛰어난 사람들은 변호사, 의사, 회계사, 엔지니어, 기업체 간부 등 전문직 종사자들로 지금까지 지식근로자 계층의 핵심을 형성했다. 이들은 중산층 혹은 상류계층으로 학력 중심 사회를 구축하는 데 중요한 역할을 했다.

그러나 다니엘 핑크는 미래사회는 좌뇌형 재능뿐 아니라 우뇌형 재능을 가진 사람들을 필요로 하는 방향으로 변화하고 있다고 지적했다. 우뇌형 재능으로는 예술, 엔터테인먼트, 디자인 등 문화산업에 종사하는 사람들이 대표적이다.

미래에는 평생 공부하는 능력도 중요하다.

세상은 빠르게 변하고 있다. 미래에는 더욱 더 그럴 것이다. 지식도 마찬가지다. 산업사회에서 지식은 전반적으로 정체 상태였으나 지식사회에는 지식 자체가 빠르게 변한다. 지식의 양은 이미 7년마다 2배로 증가하고 있으며, 2030년이면 그 기간이 72일로 단축될 것이라는 전망이 나와 있다. 이렇게 되면 학교에서 배운 지식만으로는 세상을 살 수가 없다.

산업사회가 표방했던 학습 목표는 한마디로 요약하면 쓸 만한 직장을 구하는 것이었다. 따라서 학창 시절을 끝내고 직업 세계에 뛰어든 사람들은 학교에서 배운 지식을 바탕으로 평생 동안 밥벌이를 할 수 있었다. 요즘은 이미 평생직장이라는 개념조차 희박해졌으며 직장생활은 구성원에게 자기 분야에서 전문가가 될 것을 요구한다. 전문가가 되기 위해서는 부단히 공부하는 수밖에 없다.

더구나 앞으로 100세까지 사는 세상에서는 직장의 이동뿐 아니라 수많은 변화가 개인의 삶에서 발생할 것이다. 그때마다 개인은 공부를 통해 변화에 적응해 가야 한다. 그런 데도 만약 학창 시절의 과도한 입시 공부로 자녀들에게 공부 혐오증을 심어 준다면, 그것은 자녀의 장래에 치명적인 장애가 될 수 있다. 이런 관점에서 바람직한 것은 자녀에게 자기 주도의 학습 능력을 배양해 주는 것이다.

공부 외적인 측면에서, 미래사회는 현재와는 다른 능력을 각별히 요구한다. 대표적인 것이 변화에 적응하는 능력이다.

미국 미래학자 앨빈 토플러는 미래사회는 변화가 극심한 사회가 될 것이라고 전망한다. 과거 농업 문화와 산업 문화 시대에는 개인들은 자신에게 주어진 역할에 충실하기만 하면 되었다. 당시 많은 사회적 역할들이 정태적이었기 때문이다. 그러나 지식 문화 시대의 도래에 따라 사회적 역할들은 변화에 변화를 거듭하고 있다.

따라서 개인들은 스스로가 인생기획가 또는 인생설계가가 되어 끊임없는 변화에 적응하며 자신의 인생을 새로 만들어 가지 않으면 안 될 것이다. 이런 능력은 개인의 자율성이 확립되지 않은 아이들(예를 들면 마마보이)에게는 기대할 수 없는 능력이다.

변화에 적응하는 능력은 이미 부자와 성공한 사람들에게 필수적으로 요구되는 능력(위기와 시련을 극복하는 도전정신과 불굴의 의지 등)과도 밀접한 관련이 있다.

미래에는 품성이 지금보다 더 중요해진다.

미래의 빠른 변화는 여러 측면에서 마음을 병들게 할 소지가 크다. 불확실성, 변화하는 환경, 과도한 경쟁, 그리고 놀랄 만한 사건들은 마음에 악영향을 미치기 쉽다. 그리고 사회적으로 팽배해지는 개인주의는 개인적인 고독감을 더 심화시킬 것이다.

이럴 경우 마음이 병들기 쉽다. 마음이 병들면 자연히 인간으로서의 존재를 위협받게 된다. 미래에는 마음이 취약한 사람에게는 이전보다 훨씬 더 불리한 존재 환경이 조성된다. 심한 경우 인생에서의 사소한 실패, 불편한 인간관계 혹은 우울증 등으로 인해 생명을 단축하는 일(자살)이 더 빈번해질 수 있다. 2008년 10월 전 국민을 슬픔에 몰아넣은 여배우 최진실씨 자살 사건을 음미해보면 좋을 듯하다. 따라서 개인에게 그 어느 때보다 더 맑고 따뜻하고 강한 품성이 요구된다.

성공을 위해서도 좋은 품성이 요구된다. 미국의 성공학 전문가 스티븐 코비는 진정으로 성공하기 위해서는 자신의 내면부터 업그레이드 해야 한다고 강조했다. 이를 위해서는 어려서부터 품성을 강화하는 공부가 절실하다. 그러나 이는 이미 학교 교육으로는 힘든 것이 우리 현실이다. 진정으로 자녀의 성공을 원하는 부모라면 이런 부분들까지 잘 챙겨야 한다.

모든 부모는 자녀가 성공하기를 원한다. 부모가 자녀의 대학 입시에 매달리는 이유가 바로 그것이다. 그러나 대학을 졸업해도 취업은 하늘의 별 따기인 시대가 됐다. 따라서 정작 자녀 인생에서 중요한 것은 대학 입시보다 취업 관문이다. 이에 따라 조만간 부모도 대학 입시보다 자녀 취업에 더 매달리는 세상이 올 것으로 전망된다.

그런데 이미 기업들은 출신 대학을 따지지 않는 경향을 보인다. 오히려 개인적 자질 특히 창의성을 중요한 채용 기준으로 삼고 있다.

국내 최고 기업이라고 할 수 있는 삼성전자를 예로 들어보자. 2009년 1월 기준 삼성전자의 전무 이상 최고위 임원(127명)의 출신 대학은 서울대 25명, 한양대 14명, 경북대 12명, 고려대 9명, 성균관대 8명, 연세대·한국외대 각각 5명 등의 순이다. 서울대 출신이 최다지만 전체의 20%에 불과하다. 입시 성적만 기준으로 한다면 대다수가 서울대 출신이어야 하지 않겠는가. 그 밖의 출신 대학도 입시 성적순이 아니다. 최고위 임원이 이럴진대 신입사원 채용은 더 말할 필요가 없을 것이다.

이 점에서 부모들은 뭔가를 깊이 깨달아야 한다. 자녀의 성공을 진정으로 원하는 부모라면-.

입시를 이기는
행복력 공부

초판 1쇄 인쇄   2009년 4월 6일
초판 1쇄 발행   2009년 4월 7일

지은이   시미즈 요시노리
옮긴이   홍영의

발행인   김창기
편집 · 교정   홍성우
디자인   최희선
삽화   박정훈

펴낸 곳   행복포럼
신고번호   제 25100-2007-25호
주소   서울 광진구 구의3동 199-23 현대 13차 폴라트리움 215호
전화   02-2201-2350
팩스   02-2201-2326
메일   somt2401@naver.com

인쇄   평화당인쇄㈜

ISBN 978-89-959949-2-4 03330

*값은 뒤표지에 있습니다.
*잘못된 책은 바꾸어 드립니다.